百年企業のつくり方

Continue your company
beyond a century

青木忠史

F
フローラル出版

100年企業型の経営戦略【図解】

慎重な
出店戦略
ブラン
ディング
③保守的な
マーケティング
時代の
追い風利用
新しい市場
の開拓
海外の
競合対策
研究開発
不易流行
単一
サービス
②コアコン
ピタンスの追求
大量生産
シリーズ展開
顧客との
接点を持つ
顧客ニーズ
に継続追従
①創業者「志」
宇宙と直結
後継者
一子相伝
家系を
大切に
④理念ビジョン
価値観マッチ採用
マスター
マインド
人生を守る
キャリアプラン
社員教育は
人生哲学
不動産投資
ご法度
別事業
ご法度
⑤経営管理
削減 投資 ご法度
再利用
ロス対策
生産性
向上投資
無私
大欲
隠密
戦略
非上場
非公開
⑥財務力強化
人 金 ノウハウ
慢心を
警戒
流行に
乗らない
打ち手の
優先順位決め

はじめに

唐突ですが、あなたは「売上が上がる会社」と「一〇〇年続く会社」とでは、どちらに魅力を感じるでしょうか?

よくあるこんな質問に触れた時、

「売上なんて忘れてしまえ!」

私はいつも心の中でこう叫んでしまいます。
でも、それでいいと思うのです。
売上を追わない方が、実は、永く続く売上につながるのですから。
最初から禅問答の様な話となってしまいました。
私は中小企業のコンサルタントとして、今日まで、七〇〇社以上を指導し、七〇〇〇人以上の経営者と面談してきました。その結果、「目先の売上」より「永く続く会社」を目指すことで、結果的に「売上」も確保できるという事例を数多く見てきました。

永く続く会社、つまり「百年企業」こそが、日本の中小企業のめざす姿だと確信したのです。「百年企業」という言葉は、文字どおり「一〇〇年」しか続かない企業ではなく、「できる限り永く続く企業」という意味で受け取ってください。

実は、永く続けられるはずの業種の一つが、私が得意とする工務店や工事店になります。その理由は、施工後一〇年、二〇年といった長期にわたる保証が付いたり、補修などのサービスのニーズがあり、永くお付き合いを望むお客様が多いからです。

飲食店や小売店で購入した一つの商品と、そこまで永く続くお付き合いをお客様が期待することは少ないでしょう。しかし工事店のサービスは、住宅や建物という寿命の長い〝もの〟、いわば一生ものの商品が対象になるので、お客様が使い続けて頂ける限りお付き合いする必要が生じてきます。そのようなことから、工事店こそ長期的な「百年型経営」を行う必要があるのです。

ところが、私がコンサルタントとして接する工事店経営者のほとんどが、「売上を増やす」「利益をあげる」といった目先の目標で仕事をしているのです。そのため、一時的に売上が増え、利益があがったとしても、一〇年・一〇〇年単位の永い目で見ると、多くの会社が継続できずにつぶれてしまうのです。

永く続けなければいけないはずの会社がそうならない。この現状を、コンサルタントとして数多く目の当たりにしてきて、「経営を永く継続させるにはどうすればいいか」という疑問を考えざるを得なくなりました。

世の中を見ると、工事店のみならず、飲食店や小売店ほか多くの業種の中小企業が、会社を永く続けることよりも「目先の売上をいかに伸ばすか」だけを考えてしまっています。会社を続けていくためには、もちろん売上も大事ですが、売上ばかり追っていて続けることを考えていないのです。

いったい商売とはなんでしょうか？

実は、商売の本質を見る目が失われつつあるのです。

特に新しい経営者や、経営についてあまり勉強していない中小企業の経営者は、売上や利益をあげることこそが経営の本質、経営者の役割だと思い込みがちです。

本当はそうではありません。

経営の本質とは「永く続けられる健全経営を粛々と行い、商品やサービスで社会に価値を還元すること」です。この本質を指摘するコンサルタントがあまりいない。それなら私がその役目を担おう、と思いたちました。

本質を追求する「百年企業型経営」を行える会社になるには、おおまかに次の三つのステップが必要です。

① 百年企業を理解する
② 百年企業になることを志す
③ 百年企業型の経営戦略を実行する

本書ではこの三つを柱に話を進めて参ります。

具体的には、一章の「身近に存在している『百年企業』」で、現在ある百年企業を紹介しながら、百年企業になれる要件についてお話ししていきます。「我が社のような中小・零細企業でも百年企業を目指せるんだ、そうなれるんだ！」ということがきっとお分かりになるでしょう。

二章は「小さな百年企業をつくる経営者のあり方」です。「企業は人」とも言われますが、特に経営者の姿勢・性質は重要です。ここでは百年企業の経営者になるにはどのような姿勢で経営に臨めばいいか、具体的な百年企業経営者一〇の条件をあげて経営者を導きます。

三章の「小さな百年企業のサービス戦略」では、百年企業になるためにはどんなサービス戦略に基づいて経営活動をすればいいのか、について説明します。「永く続く中小企業になるためには、我が社は何をすればいいのか」ということが把握できるでしょう。

百年企業を目指すための「サービス戦略」とともに会社経営の両輪ともなるのが、四章の「小さな百年企業のマーケティング戦略」です。百年企業ならではのマーケティング戦略を知ることで、自社の経営に対するヒントが見えてくるはずです。

そして企業を永続させていくために、なくてはならない存在が社員です。五章の「百年企業型の人材採用戦略」では、企業に必要な人材の採用法と育成について解説します。

そして最後の六章は「百年企業の経営計画」です。中小企業が百年企業を目指すためにやらなければならない具体的な指針について解説します。

そう、冒頭に書いた通り、売上より大切なことがたくさんあるのです。

もちろん、売上も大切です。しかし、売上ばかりに注力して、他の大切なことが疎かになっては百年企業には辿り着けません。それどころか、経営の本質からどんどん離れていってしまいます。本書をヒントに、皆さんもぜひ百年企業を目指してください。

本書の内容は、大企業にお勤めの方でも、自分が属する部門に応用できる内容です。各部署で「百年続ける」を目指すことで、本質的な経営マインドを把握し、それが全社に波及すれば、大企業特有の課題も生じますが、百年企業となることも可能だと考えています。

企業が永く続くことで、お客様や社員、そしてその家族や取引先など、かかわるすべての人がしあわせになることが私の願いです。

青木忠史

●ヨーロッパ軒、保守的マーケティングとコアコンピタンスの追求
●百年企業になれるチャンスのあるマーケットを探そう
●〝縦のビジョン〟で会社経営を行うことの重要性
●仕事を通じての使命感が長期経営につながる

第二章

小さな百年企業をつくる経営者のあり方

●経営者のあり方1　自己の「強み」を理解している
●経営者のあり方2　「仕事オタク」である
●経営者のあり方3　「製品開発・サービス開発」ができる
●経営者のあり方4　「やることリスト」「欲しいものリスト」「やりたいことリスト」を実施している
①やることリストの作成・実施
②欲しいものリストの作成・実施
③やりたいことリストの作成・実施
●経営者のあり方5　「利他」の思いで事業を行っている

●サービス設計は経営者の最重要任務

1　一点に絞り込み、競合が出てきたらさらに絞り込む

2　常に競合とバッティングしないオンリーワン、ナンバーワンを創造する意思を持ち続ける

3　お客様の声を聞き続け、未来のヒントを常に発掘する

●自社のサービスを守る五つの防衛戦略

1　常に隠し味をつくり続ける

2　海外のライバルとの比較の視点をもち、自社の優れた点を発見し続ける

3　戦力を集中させる

4　時代の変化に追従していくために、サービスの深化改善を毎月行う

5　強い志を持ち続ける

百年企業の経営計画

●創業当初からゴール（百年企業）を決めておく
●オーガニックグロースな売上計画を立てよう
●純資産は年商の５０パーセント以上を目標にする
●不動産などを購入せずにひたすら現金を増やす
●純資産を貯めつつ志を共有して百年企業を目指そう
●後継者育成計画――経営者は四〇代で後継者に任せ、任せてから育てる
●諸葛孔明の人物鑑定法で日頃から後継者候補を指導しよう
1　事の是非を判断させて志を見る
2　言論で追い詰めて相手の態度の変化を見る
3　相手の計画を聞いて学問や知識を見る
4　わざと困難を与えて臨機応変な対応力や勇気を見る
5　酒に酔わせてその本性を見る
6　ちょっとした金品を与えてその清廉さを見る
7　仕事をやらせてみて、指示どおりにやるか信頼に値するかを見る

ブックデザイン 斎藤よしのぶ
DTP ㈱デジタルプレス
プロデュース 高橋洋介
編集協力 菊地一浩

第一章

身近に存在している「百年企業」

MAKE YOUR BUSINESS
KEEP GOING
OVER A CENTURY.

百年企業の商売感を現代に

私のオフィスは千代田区の内神田にあります。以前は日本橋にありました。日本橋や内神田、こうした場所を選んだのには理由があります。東京都中央区の日本橋界隈には百年企業がたくさんあるからです。その代表的な存在が三越（一六七三年創業）です。実に創業三五〇年、永く続いている企業です。

三越を中心に、日本橋にはさまざまな永く続く小売店があり、その多くが百年企業です。それらの企業が放つエネルギーを感じることが重要なので、私は日本橋や内神田を拠点にしています。毎日、オフィスの行き帰りに百年企業が軒を連ねる道を通って「三越参り」「百年企業参り」を行い、エネルギーを感じるようにしています。

三越の創業者、三井高利氏が一六八三年に始めたのは、世界初の「現金掛け値なし」という本音の取り引きでした。「掛け値なし」とは、値札に実際の価格より高い価格をつけ、値引きを装った商売をしないということです。また、当時は一般的だった月末払いのツケの売掛ではなく、その場での現金商売という今では当たり前の取り引きも三井氏により始められたのです。現金取引と掛け値なし、この二つを行うことにより商売を永く続けていく、という発想で始めたのが越後屋・三越でした。

しかし今の経済界では「いかに儲けるか」という思考ばかりが優先されており、中小企業もその潮流に流されています。私は百年企業のエネルギーを毎日浴びているため、時代の流れとともに劣化していく商売の潮流をヒリヒリと危機感を持って感じられていました。

三越が商売を始めた時代にも「売れればなんでもする」と考えて商売をしていた人もいたようです。しかし、そのような店は時代の流れとともに淘汰され、永く残ることはできませんでした。

そして、現代ではおそらく九九パーセントの企業が商売の本質を忘れて本当の商売とは何かがわからなくなってしまっています。「売れればいい。みんながやっているのだから当たり前」と、ほとんどの企業の経営者が思っています。そのようななか、「売上より永く続くことが大切」と抗っているのが私です。これは、いわば九九対一の戦いといえるでしょう。しかし私の考えに賛同して、コンサルタントの依頼をくださる経営者の方も、たくさんいらっしゃいます。そういう方々のためにも、永く経営できる企業、商売の本質を貫いた事業を目指す百年企業型経営の会社を増やそうとしています。

「はじめに」でも申し上げた通り、「百年」とは字義どおりの「一〇〇」ではなく「永い」という意味で解釈しています。「お客様に役立つことを永く続けること」が商売の本質」といっても伝わりにくいため、「百年企業」という象徴的な単語を使っています。最初に挙げた三越もこの定義によれば「百年企業」となります。

世界の百年企業の現状

まず、世界的に百年企業の状況を踏まえておきましょう。

起業後の企業生存率を国際比較すると、

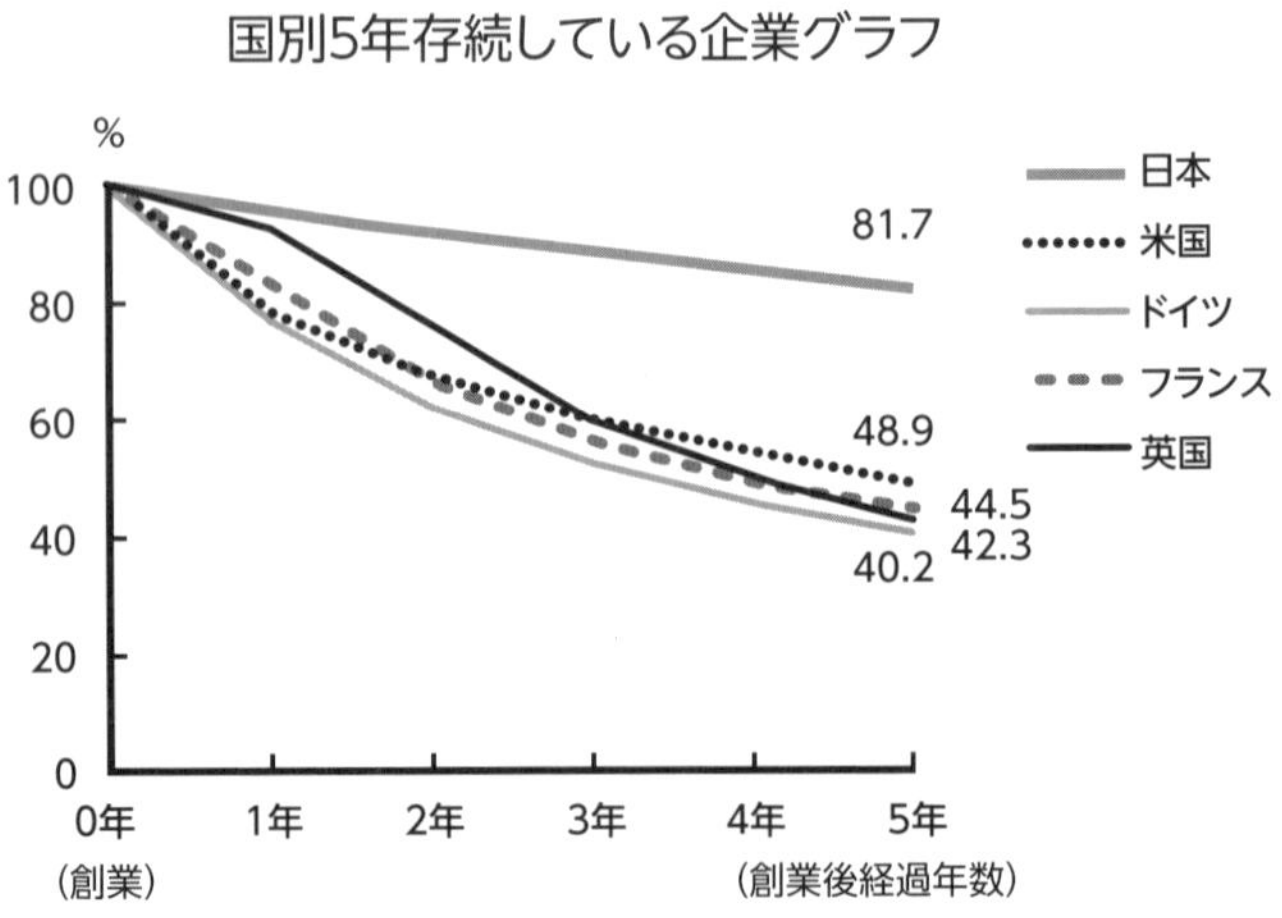

出典：文部科学省 科学技術・学術政策研究所（NISTEP）

日本以外の他国は五年存続している企業は世界の40~48%に対し、81.7%と大多数となっています。日本は、起業には腰が重いのかもしれませんが、起業後は大切に事業を継続させる傾向が読み取れます。

さらに、日経BPコンサルティング・周年事業ラボの調査による創業一〇〇年企業の国別ランキングによると、創業一〇〇年を超える企業は、74037社の中で日本企業が半数以上を占めます。二〇〇年以上にもなると、2129社の内、六五%までが日本の企業です。

二〇〇年超企業の国際比率

企業数 比率	企業数 比率	企業数 比率
1位　日本 1388 65.2%	1388	65.20%
2位　米国 265 12.4%	265	12.40%
3位　ドイツ 223 10.5%	223	10.50%
4位　英国 81 3.8%	81	3.80%
5位　ロシア 38 1.8%	38	1.80%
6位　オーストリア 34 1.6%	34	1.60%
7位　オランダ 17 0.8%	17	0.80%
8位　ポーランド 16 0.8%	16	0.80%
9位　イタリア 14 0.7%	14	0.70%
10位　フランス 11 0.5%	11	0.50%
	2087	2129

一〇〇年超企業の国際比率

企業数 比率	企業数 比率	企業数 比率
1位　日本 37085 50.1%	37085	50.10%
2位　米国 21822 29.5%	21822	29.50%
3位　ドイツ 5290 7.1%	5290	7.10%
4位　英国 1984 2.7%	1984	2.70%
5位　イタリア 1182 1.6%	1182	1.60%
6位　オーストリア 649 0.9%	649	0.90%
7位　カナダ 594 0.8%	594	0.80%
8位　フィンランド 474 0.6%	474	0.60%
9位　オランダ 467 0.6%	467	0.60%
10位　オーストラリア 425 0.6%	425	0.60%
	69972	74037

日本では起業件数が少ないけれども、長続きする会社が多い。ちなみに世界のスタートアップ企業などの情報を提供しているWEBサイト「スタートアップランキング」によると、日本は世界で21位です（二〇二〇年三月のサイト情報より）。このランキングを見ると、1位はアメリカの47897社、2位がインドの7408社、3位がイギリスの5183社、20位が中国の571社で、続いて日本が556社の21位となっています。

その（起業家が少ない）理由として、心理的容易さがあれば起業する人が増えるという点が挙げられます。昨今、日本でも起業がブーム的に広まっている節もありますが、一〇年前は起業する友人に会ったこともないほどでした。その心理的ハードルを越えたからこそ立上げた会社を大切にする、そんなメンタル面もあるでしょう。ただ、私が見てきた百年企業が続いた理由は、それだけではありませんでした。

百年企業に共通する一〇の要因

日本最古、いや世界最古の「百年企業」は五七八年創業の金剛組です。一四〇〇年に渡り金剛家は同族会社でしたが、経営危機に陥り、二〇〇六年に高松建設（一九一七年創業）のグループ会社となりました。それでもなお今日続いている企業です。

　金剛組の例でもわかるとおり、工務店や工事店は本来、永く続けられる事業にもかかわらず、ほとんどが初代〜三代目以内で会社をたたんでいるのが現状です。普通に商売をしていれば、百年企業になれたはずです。なれなかった理由は、百年企業型経営を知らないからだと私は考えています。

　百年企業型経営とは、実は当たり前のことをやればいいだけなのですが、それができていない経営者が多いのです。百年企業型経営を理解し、図で示した「一〇の要因」に沿った経営をすれば、百年企業を目指すことができるのです。

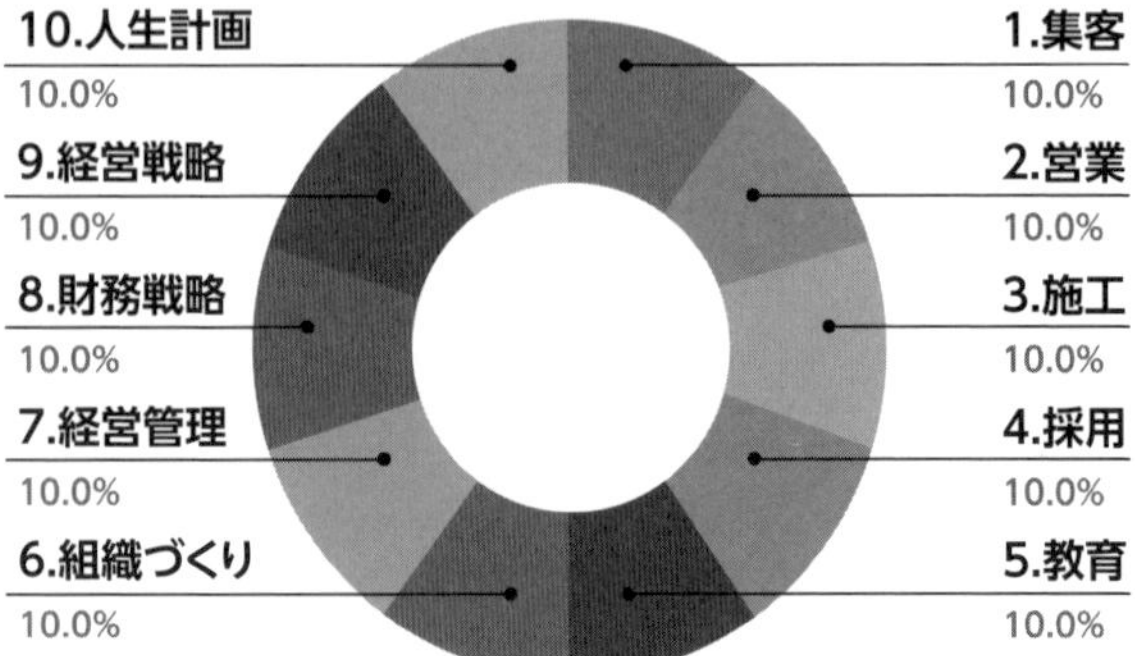

自社のコアコンピタンスから逸れない経営を心がける

百年企業の共通点が、コアコンピタンス（Core Competance）です。コアコンピタンスとは中核となる競争力のことを指し、

・創業時から持ち続けている自社の強み
・競合他社には真似できない核となる能力
・競合他社を圧倒的に上回るレベルの能力

といったことを意味します。本書に登場する百年企業はすべてこのコアコンピタンスを備えており、それに則って「一〇の要因」を関連づけて巡らせています。

自社の強みを維持するためには、社員育成も継続する必要があります。そして育成を継続させるための方法の一つが、純資産を蓄えることです。お金がなければ、人を雇い育成し続けることができず、結果的に会社は倒産してしまいます。経営管理をしっかり行うことで、お金を貯め、中小企業でも自転車操業を防ぐことができます。集客戦略も理解できていないと不安になりますし、組織づくりも重要になってきます。経営者自身の人生計画がなければ、事業も迷走してしまうでしょう。これら「一〇の要

因」は、互いに関連し密接に結びついているのです。

経営者がこの基本を理解していないと、不安をかき消すためにコアコンピタンスとは違うことをやってしまいがちです。例えば、必要もない不動産を購入したり、市場を無闇に広げてしまったり。本当に不安を消すためには、「一〇の要因」を理解し、どこに課題があり、何をやらなければいけないかを探り、見つけた課題を実行していけばいいのです。コアコンピタンスを育て続けることによって、事業を長期に渡り健全発展させていくことができるのです。

不安になってコアコンピタンスを変えてしまったり、コアコンピタンスとは外れたことをやり始めると、会社は衰退していきます。経営者にはさまざまな誘いがありますが、コアコンピタンスがない経営者や、自社について理解していない経営者は、誘いに乗って、不要な不動産購入や無闇な市場拡大といった誤った道に進んでしまいがちなのです。自分の信念や芯のない人間が、安易に周囲の影響を受けてしまうのと同じことです。

極端な話ですが、たとえばお金がなかったら組織を拡大しなければいいわけです。しかし信念もコアコンピタンスもない経営者は、コンサルタントなどの「組織を大きくしましょう」「まず売上を上げましょう」などの誘いに乗って、拡大に走ってしまい、経営そのものを、うまくいかなくしてしまうのです。

「オーガニックグロース」と「因縁果報」が経営のカギ

百年企業型経営のキーワードとして、「オーガニックグロース」(Organic Growth)があります。自社の人的資産、金融資産、知的資産などの内部資産に基づいて会社を成長させていく、という考え方がオーガニックグロースです。

百年企業のオーガニックグロースと対峙する経営方針が、売上至上主義です。何もかもをお金に換算し、すべてお金で回そうと考えます。一方、百年企業はお金ではなく、コアコンピタンスを通して「因縁果報」のサークルを回していくものです。

「縁」というのは、お客様の幸せに向けて具体的な商品やサービスを提供することです。その結果、お客様からは商品対価だけではなく「ありがとう」という感謝と「この会社のサービスは安心」という信頼を報酬として受け取ることができます。長所を褒められるともっと頑張りたくなるのが人間の心理であるように、お客様に認められることによって、もっと多くのお客様に、もっと良い商品を提供したいと社内の全員の心にエネルギーが沸き始めます。それが、より良い商品を追求する心に繋がり、良い商品が数多く開発されていくと、それにつれて、さらに良い社員も集まるようになります。

この循環により、お客様を幸せにする商品の提供に力を入れることができますから、ますますお客様の感謝と信頼をいただけるようになります。

このように、よいエネルギーが循環し続けているのが百年企業の特徴でもあるのです。

経営とは、「コアコンピタンスを通してもつべき愛の思い」と私は考えています。自社のサービスを通してお客様を幸せにすることが経営なのです。

一方の売上至上主義経営は、お金を中心とした獲得競争です。ライバルよりも多くお客様や売上を獲得するためならなんでもやるという、コアコンピタンスを無視した

因縁果報のサークル	
因	志を立てて宇宙と繋がる
縁	進歩と調和のために実行する
果	魂の成長を実現する
報	感謝・信頼を受け取る

発想です。そこには感謝や信頼といったエネルギーは生まれません。

「因縁果報」という考え方は、歴史的にも文化的にも日本人によく合います。商品を〝ただの物〟と考えず、物質的な喜びよりも精神的な喜びを重視して、日本人は商売を続けてきた民族だからです。

たとえお金がなくなっても、みんなで助け合い、調和して幸せに生きる術を知っている。それが日本人でした。災害などに見舞われると、暴動や略奪が行われる国が多いなかで、日本でそうしたことがほぼ起きなかったのは、そうした精神性に依るところが大きいからでしょう。

売上至上主義経営ではなく、日本人に合った百年企業型経営によって日本人がもっているエネルギーを循環させる。このような経営で健やかな人たちが育ち、日本的な美しい文化が維持できるのではないでしょうか。つまり最終的には、中小企業の百年企業型経営によって、日本がさらによい方向へ向かうと考えられるのです。

九〇パーセントの中小企業が百年企業型経営を実現できる

創業者が自身のコアコンピタンスを追求し、それが商品やサービスなどの形となって脈々とお客様に受け入れられ続けていく、というのが百年企業の姿です。

百年企業型経営は、誰でも取り組んでいける経営法です。特殊な能力のある上位数パーセントの人ではなく、ごく平凡な九割の経営者が「一〇の要因」の原理原則に則って普通に取り組んでいけば、多かれ少なかれ実現可能な経営といえるでしょう。つまり、百年企業には大企業や10億円規模の中堅規模の企業だけがなるわけではないということです。

たとえば、愛知県の豊橋に八代続いている、従業員数5名の「菜飯田楽《なめしでんがく》 きく宗」という飲食店があります。出汁の製法は手順書などもない一子相伝ですが、長年お客様が途切れずに来店しており、なんと三〇〇年も続いています。

大手企業からチェーン店やフランチャイズの依頼が舞い込んだかもしれません。しかし店の規模を大きくして従業員を増やしたり、複数店舗を経営するといった広域展開を選択せず、身の丈に合った手堅い経営で永く続いているのです。こうした会社や店は、みなさんが思っている以上に身近に多く存在しています。

2023年に創業100年を迎える企業

企業名	業種	所在地
農林中央金庫	農林水産業への融資	東京都千代田区
富士電機（株）	エネルギー・環境事業	東京都品川区
富国生命保険（株）	保険	東京都千代田区
高砂熱学工業（株）	空調設備の設計・施工	東京都新宿区
（株）髙山	菓子、食品の販売	東京都台東区
東芝ブランドシステム（株）	発電、社会インフラ	神奈川県川崎市幸区
（株）ジューテック	住宅資材・工業用資材の販売	東京都港区
オー・ジー（株）	化学製品卸売	大阪府大阪市淀川区
（株）エクセディ	自動車部分品・附属品製造	大阪府寝屋川区
ヱスビー食品（株）	食品、調味料の製造	東京都中央区

東京商工リサーチの資料を基に（一社）100 年企業戦略研究所が作成

創業100年以上業種別比率（日本）

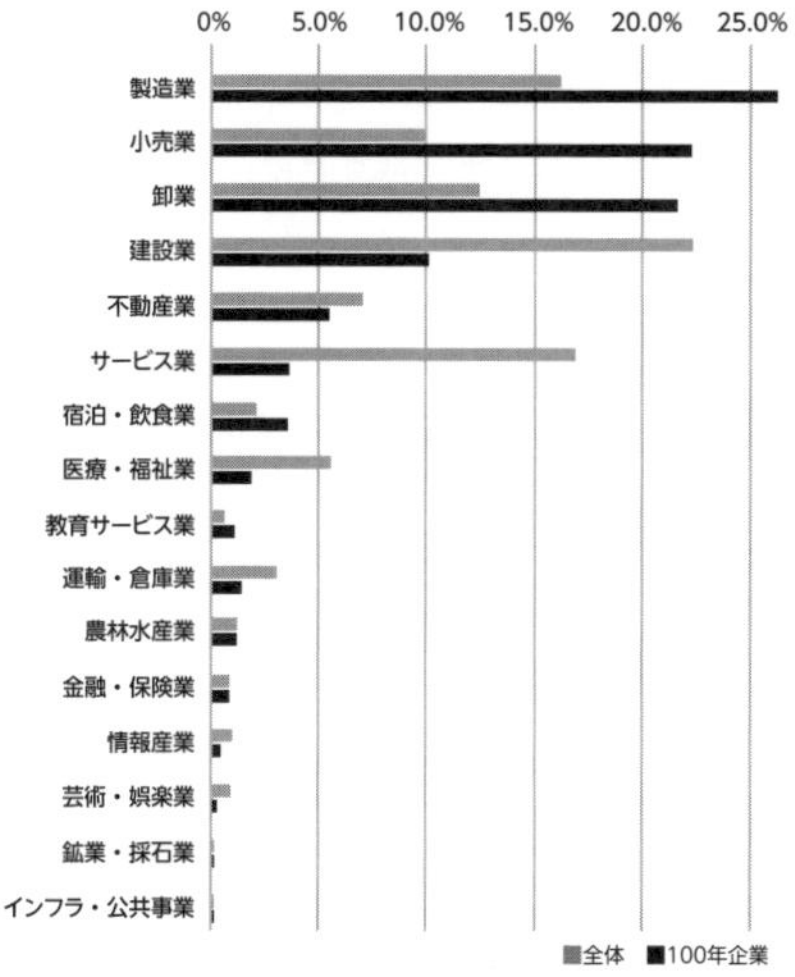

「はじめに」で、三越周辺には百年企業が多いと書いたように、日本橋では海苔やお茶を扱う「山本山」、鰹節の「にんべん」、ソースの「ブルドックソース」、和菓子の「榮太郎」「長門《ながと》」、卸売や流通加工などの「国分《こくぶ》」、施工会社の「タナチョー」などが有名です。しかし、中小の工務店や工事店にも三代・八〇年続いているような会社もたくさんあるのです。

オンリーワンの「ごはんですよ」が教えてくれること

百年企業の条件として一つ言えることは、「会社や店の規模にかかわらずマーケットが守られている」という点です。

たとえば「海苔の佃煮」は海外の食べ物と競合しにくいため、マーケットは守られていると考えられます。一方で「日本酒」は、アルコール飲料のマーケットが世界に開かれていて、ワインやウイスキーなどと競合するため守られているとは言えません。酒蔵会社は百年企業がたくさんありますが、苦戦している酒蔵も数多くあります。ほかのアルコール飲料とマーケットの食い合いになっているからです。

ただし、海苔の佃煮を扱っている会社がすべて成功しているかと言えばそうではなく、やはりコアコンピタンスを追求していない場合、長続きしない会社が多いです。

私は桃屋（一九二〇年創業）の「ごはんですよ」が大好きです。佃煮をほかほかごはんと一緒に食べるという日本の食文化にマッチし、絶妙かつストレートな「ごはんですよ」という商品名に加え、俳優の三木のり平氏の親しみやすいキャラクターアニメのコマーシャルによって、日本中の家庭に浸透しました。

佃煮は昔から保存食として日本文化に馴染んでいましたが、それでも、一食分などの測り売りでした。ところが、桃屋では「江戸むらさき」を瓶詰めにし、さらに長期保存できるようにしました。これらすべてが桃屋「ごはんですよ」成功の要因で、桃屋に勝てる佃煮メーカーはありません。マーケットが守られているため、対抗するメーカーがいないのです。

さらに、桃屋がすごいのは純資産が年商の150パーセントで、絶対に倒産しないという点です。純資産は通常、平均的には年商の15パーセントほどですから一〇倍ですね。ライバルはおらず、純資産は豊かですから、倒産せず永きに渡って経営が続けられるのです。

イカリソースを吸収したブルドックソースに学ぶ

百年企業として事業を成長させていく会社は、業界内にあるリソースを巧みに吸収していくという姿勢も持っています。たとえば、東京日本橋のブルドックソース（一九〇二年創業）と大阪のイカリソース（一八九六年創業）の例がそうです。

イカリソースは日本で初めてウスターソースを製造した会社ですが、バブル期にゴルフ場など不動産投資に手を広げ、バブル崩壊後に経営が悪化しました。会社更生法を申請したイカリソースの営業権を二〇〇五年に譲り受けたのが、ブルドックソースでした。

また、三重県桑名にある、たまり醤油を主力商品としていたサンジルシ醸造（一八〇四年創業）もバブル時の財テクに失敗して経営難になり、千葉県銚子のヤマサ醤油（一六四五年創業）の完全子会社になりました。これもイカリソース同様二〇〇五年のことです。

これらは友好的な買収ですし、コアコンピタンスが似通っていますから、吸収された側の社員も幸せになれたのではないでしょうか。

百年企業のなかには、このように強い会社がさらに強くなっていくという例もたくさんあります。ただ、バブル経済のときにはコアコンピタンスとは異なるジャンルに手を広げて失敗し、倒産する会社もたくさんありました。

そうした迷走をせず、原理原則に則った経営をしている百年企業は、さらに大きくなる可能性が高いのです。その原理原則とは、多くの創業者が直感的に行ってきたことなのです。今回、中小企業でも真似できるように明確にしようとしたのが、本書のテーマである「百年企業型経営」ということになります。

他にもいくつか百年企業の例を挙げておきましょう。

建装工業株式会社の美しい事業成長曲線

一九〇三年（明治三六年）に、塗装専門工事業者として創業した建装工業株式会社は一二〇年を超す企業として、社会とお客様への貢献を最大テーマに、その役割を果たすべく、着実に歩んでいる企業です。

塗装というコアコンピタンスを元に、時代の先端にあるニーズを捉えながら、一〇〇年以上その事業を続けています。コアコンピタンスに基づき、地道に組織が成長を遂げてきたのです。

具体的に説明しますと、創業から二五年間程度を「創業期」と名付け、当時の有名な建設物を次々塗装しました。

私鉄の開業が相次いだ昭和初期には車両塗装も積極的に着手。第一次世界大戦時は工業分野の塗装を手掛け、石油が販売され始めた頃にはガソリンの移動販売タンクの塗装を手掛けました。

次の二〇年期、一九四四年あたりまでは、各地の工場の塗装・軍需工場の塗装を手掛けるようになり、工事現場を通して、新たな取引先との出会いを開拓していきました。

戦後の復興期は、「成長期」と名付け、当時の帝国ホテル・八重洲ビル・国際劇場・松屋デパート等を手掛け、大林組、大成建設等とのお付き合いも始まり、発電所、船舶塗装、プラント塗装、橋梁塗装等幅広く手掛けるようになり、一九六〇年に完成工事高日本一を達成したのです。

そして、首都高、日本道路公団、国鉄、電電公社、キリンビール、サッポロビール、ホテル、学校など、塗装工事も多岐にわたってきたことから、事業部制を導入して、組織の強化と専門性を高めていきました。

一九七〇年以降、日本経済が安定成長期に入ってからは、電力会社、超高層ビルなどの新築塗装を手がけます。

一九八〇年〜一九九五年は、「転換期」と名付け、今後の新たな市場を見据えて、マンションリニューアル分野にいち早く着手。新築塗装から維持修繕塗装へシフトチェンジをしていくのです。

また、日本全国でインフラ整備が進んだことにより、高速道路・新幹線整備・空港建設工事にも参画。

一九九六年以降、マンションリニューアル事業にさらに力を入れていき、さらなる事業成長を遂げました。バブル崩壊後の失われた〇〇年とも呼ばれる時期でもリニューアル事業を主力に着実成長を続けてきたのです。

二〇二三年度、従業員848人で、年商634億円、純資産は213億円でした。

塗装工事においては、現場こそ「サービス」であり、そのサービスを通して、紹介・口コミが発生します。そして、おそらく「こんな現場、対応できないか?」と「頼まれごと」を受けて、新しい分野に挑戦していった歴史が、うかがえます。

これは、単なる「塗装」から「確かな塗装工事・その人材育成」へとコアコンピタンスが形成され続けていたからこそ実現できたものだと思います。

塗装業界内でも指折り数えるほどの美しい事業成長曲線を描いている企業です。

らーめん屋珍來のお客様を大切にし続けた歴史

次は、一〇〇年近く続く、手打らーめん珍來でお馴染みの大衆向けラーメン店、株式会社珍來総本店を紹介したいと思います。

珍來は昭和三年（一九二八年）に創業しました。

個人経営の製麺業として出発しましたが、その後、店舗部門を持ち、ノレン分け制度によって従業員から独立経営者を輩出してきました。

現在27店舗。社員数110名とのこと。

のれん分け展開のためか、ネットでのクチコミには、ネガティブな意見も時々見かけますが、私の地元の草加は直営店で、オーガニックで美味しい料理でした。

私が地元に住んで通っていた頃、ネットの評価と同じで、ガテン系向きの量が多いお店という印象を、私も強く持っていたのですが、東京に出て、いろいろなお店を体験するうちに、珍來のらーめんは、銀座の老舗中華料理店と同じ味がすることを発見しました。スープと麺とチャーシューの味がとても似ているのです。

直営店のチャーシュー麺は、提供する器と環境を変えれば、高級店でも十分通用する味なのです。

しかし、珍來が高級店にしないのは、珍來ブランドは、大衆に受け入れられる味、珍來の信者のお客様を大切にする気持ちの表れなのではないかと私は思います。

これこそ、コアコンピタンス経営です。大衆向けらーめん屋でも、一〇〇年続くと段々と本質的になっていくのだなと感じています。

また、珍來のユニークなところは、もちろんガテン系は御用達ですが、学生、ビジネスマン、カップル、独身者、家族と幅広い客層です。草加市民なら、子供の頃に家族で珍来に行ったという思い出のある方も多いと思います。

家庭の延長線上にあるようなシンプルな味でも本質的であるため、家族でもわざわざ行くのでしょう。アンチもいるかも知れませんが、コアなファンはかなり多いかと思います。

メニューは、もちろん、ちゃーしゅー麺、餃子、チャーハンがおすすめです。みそらーめん、担々麺、うまに麺、炒め物系のセットメニューなども充実しており、かつ、価格も世間相場観を維持してます。この価格設定は、リピートしやすい「メニュー戦略」であり、私は毎日通える、らーめん屋だと思います。

珍來を一言で言うと、「銀座の高級中華料理店の味がする老舗らーめん屋、献立に困った時には珍来へ行こう」です。草加ではかなり愛されているらーめん屋。これからも守っていくために通い続けたいらーめん屋です。

ヨーロッパ軒、保守的マーケティングとコアコンピタンスの追求

続いても、飲食関係のお店になります。

一九一三年に東京都新宿区内で高畠増太郎さんが創業した一〇〇年以上続いているヨーロッパ軒。しかし、戦争で焼失したことにより、生まれ故郷の福井にて再び開業しました。今は19店舗での展開。腕の良い料理人にノレン分けをして展開をしてい

ると言います。

一般的に、かつ丼というと、卵とじのカツ丼をイメージしがちですが、福井では、卵とじのカツ丼よりもソースカツ丼のほうが優位性を発揮して、多くのお店が真似をしたソースカツ丼を提供しているのです。その中でもやはり人気が高いのは、元祖・ヨーロッパ軒です。

かつ丼を洋食として捉えていた大正時代のコンセプトをそのまま現在まで引き継いでいます。定番はカツ丼セット。カツ丼のカツ、パン粉、ソース、どれも食べやすく、自然と体に馴染んでいくような美味しさなので、必ず癖になることでしょう。サラダ、お新香、お味噌汁もついてきますが、どれも絶妙な味つけ。一切の手抜き無し。ヨーロッパ軒も、ビジネスマン、カップル、家族といった幅広い客層でいつも満席です。

コアコンピタンスでもあるソースカツを守るためでしょうか。ソース、パン粉の業者への卸販売もやっていない手堅さです。福井に多くあるソースカツ丼を出す食堂とも明確な一線を画する美味しさです。

コアコンピタンスの追求と保守的なマーケティングの好例といえるでしょう。

ぜひ、百年続く経営に敬意を払いつつ、ヨーロッパ軒のソースカツ丼を食べにいってみてはいかがでしょうか。

百年企業になれるチャンスのあるマーケットを探そう

百年企業になれるチャンスがあるのは、たとえば地域密着型の業態です。「マーケット」というと、つい大きな市場をイメージしがちですが、狭い範囲の「地域」でもいいのです。

人口の多い都市部はお客様も多く、進出しやすいと感じられるため競合も多く、どうしてもレッドオーシャンになりがちです。しかし地域性の強い業種、たとえば理髪店（いわゆる床屋さん）などは、地域密着で百年企業になれる可能性があります。複数店舗を展開して手広くやるかどうかはまた別の話ですが、理髪店は一店舗であれば本質的には百年企業になれる業態なのです。

一般的に、理髪店でマーケティングを行うところは多くなく、マーケティング戦略を構想して、広告を打って集客していないことが多いように見えます。また、お客様のフォローも技術者育成もしていないお店がほとんどのように感じます。この場合のコアコンピタンスは何かというと「自分の腕」、つまり「技術」になりますが、それも継承していないお店がほとんどでしょう。継承を戦略的に行えば、規模は小さいですが百年企業になることが可能です。

また、地域の小さな飲食店も、本質的には百年企業になりえます。日本橋や上野のうなぎ店には「はし本」や「前川」「近三」など百年企業がいくつもあるように、それぞれの地域の飲食店でも百年企業をめざすことはできるでしょう。自分のコアコンピタンスや技術を明確にし、技術者育成を行えば永く続けられるのです。百年企業は遠い別の世界の話ではないのです。百年企業の候補となる中小企業はたくさんあります。

先に挙げた「ヨーロッパ軒」は、東京の早稲田で創業し、福井に移転後は地元密着の会社として十数店舗も展開しています。

全国各地にある歴史のある飲食店は、コアコンピタンスを追求しているからこそ、地元のお客様に支えられているのでしょう。

「百年企業は離れた世界にあり、われわれ中小企業には無縁」と考えがちかもしれませんが、百年企業は私たちの生活の延長線上にたくさんあるのです。「こうすれば売上をあげられます」といった表面的な数字だけ考えて提案するコンサルタントよりも、先にあげたような百年企業から経営を習うべきでしょう。

中小企業は、まず売上をあげたいという会社がほとんどです。しかし潜在意識ではどの社も永く続けたいと思っているはずなのに、そちらを見ないようにしているように思えます。自分の老後や後継者など将来についてはあまり考えず、仮に日曜日にふと頭をよぎっても、月曜の営業になると「売上、売上」というモードになってしまうのです。

まずは兎にも角にも「百年企業を目指そう」「長期の事業継承を目指そう」と決意することが重要です。そのように決意を新たにしたときが、百年企業へのスタート地点といえるでしょう。

“縦のビジョン”で会社経営を行うことの重要性

再び理髪店を例にすれば、自分のマーケットをはっきりさせ、お客様の収入や嗜好性をマーケティングし、どのタイプの男性をターゲットとするのか、どんなカットを提供すれば受け入れられるのかというサービス戦略を考えます。

自分の強みが刺さるお客様を見つければ、ビジネスは回っていきます。それで手が足りないようであれば、何人体制で回せば十分なのかを計算すれば雇用人数もわかります。「マーケティング→サービス提供→組織づくり」と、ここまでできればビジネスモデルが構築できたともいえるでしょう。

お店を二店舗にするか三店舗にするかは事業展開の話ですから経営者の手腕次第ですが、原理原則を踏み外し、売上拡大に目を奪われると、後々痛い失敗を見ることになります。よって、地域に根差して永くやっていくというビジョンを持ち、技術者の育成に力を入れ、お客様との信頼を守りながらも、お客様のニーズを満たし続ける経営を続けていくことをおすすめします。

結果、着実に事業展開が進んでいくことについては、否定はしていません。

別の言葉で言いますと、拠点（店舗）を展開していくとなると、人の育成とマネジメントで問題は加速度的に増えていきます。永く続く百年企業型経営を考えるのであれば、誰でも事業展開は慎重に考えるべきだと私は考えています。

さらに付け加えるならば、事業がまだ小さな時期から後継者の育成を考え、事業の未来を考えていかなければならないため、出来る限り問題を起こさず、慎重な成長戦略を取ることが重要です。

多くの中小企業の経営者は、ビジネスを横に広げていくという考えはありますが、二〇年以上続ける事業にしていくという縦の発想はあまり考えていないことが多いものです。つまり、横のビジョンはあっても縦のビジョンがないのです。

経営者が横のビジョンだけしか構想していない段階では、後継者を育てようとも思わないですし、育てられません。そしてそのままの経営を続けていると、後継者に任せるタイミングが遅れてしまうといった現象が起こります。

しかし縦のビジョンがある経営者は、早めに後継者に事業を任せます。そんな経営者は、四〇代前半で事業を後継者に任せて経営の舵取りをさせます。長期的視野をもっている経営者は「経営者になってからの経験が必要だ」ということがわかっているからです。

ただ、現実的に中小企業では、経営者が六五歳、七〇歳くらいまで社長を続ける、ということはありがちです。私も七〇歳になった経営者から後継者問題について相談されるのですが、そうなると「限りなく高い志と信念をもって前向きに取り組みましょう」くらいの精神論的な助言しかできないのです。

仕事を通じての使命感が長期経営につながる

「商売は儲けてなんぼ」とのみ考えている経営者は、売上を伸ばすことに汲々としますが、そんな損得勘定だけの経営は必ず行き詰まります。長期的な経営は、損得勘定を超えた経営者でなければできません。

経営者の中には「経営が苦しい人」と「経営が楽しい人」がいます。前者はまだ自分の仕事の深掘りが足りず、儲からなければ経営できないという低い次元の経営者です。しかしコアコンピタンスをしっかり認識し「この仕事をやることが私の幸せ」「自分と同じことができる人を育てたい」という領域に立った経営者は、仕事が楽しいですし、強い芯のある経営ができます。芯のある経営は永く続きます。

つまり、どのような業態の経営者でも、「経営が楽しい」という領域を目指すことで百年企業になることは可能と考えています。

たとえば、最初は新人への教育が苦痛だったとしても、教えていくうちに教えるコツをつかんで楽しくなれば、自分も成長できます。さらに育て上手な人が増えていけば会社も大きく成長していき、長続きするようになっていくのです。また、変わり続ける時代の中で変化し続けなければいけなくとも、経営は難しくはありません。現時点から次の時代がうっすら予見が出来るようになれば、ただ単に苦しいという心境から「大変だけど刺激があり、やりがいがある」というような心境になっていくことでしょう。

このようになるためには、経営者が損得勘定ではなく、仕事を通じての使命感をもっていることが大切です。このことが、会社の長期経営につながっていくのです。

また、経営者は常に不安を抱えている存在です。お金を稼ぎたいとは思っていますが、稼いだお金を無駄使いしたいとは思っていません。しかしそのような経営者人生を生きていくうちに、「自分はなんのために事業を運営しているのか」と考え始めるようになるものです。

そして、自分ができるお客様への貢献をもっと大きくしていこう、そのためにも自社を成長させていこうと考えられるようになると、経営者は稼いだお金を自社の成長へ投資していくことを考え始めます。

コアコンピタンスがしっかり定まってくると、中小企業の経営者は、こんな変化を遂げるのです。このような状況を数多く見てきました。
しかし多くの経営者は、まだ「儲けてなんぼ」の稼ぐフェーズで経営を行っています。

経営の本質とは、コアコンピタンスを磨いて、より多くのお客様にサービスを提供し、「ありがとう」をもらって商売を回していく「因縁果報」なのです。その循環のなかで、礼儀正しさや職業倫理観が養われていくわけです。ですから倫理観だけを金科玉条とした恰好だけの経営はうまくいかないのです。

理念に則った理念型マーケティングだけやればいい、純資産を蓄えさえすればいい、という経営ではなく、まず、コアコンピタンスを磨いてより多くのお客様にサービス提供をして、お客様の喜び・幸せを創出していくことが前提となります。理念や純資産は、それを支えるためのものとなるわけです。それが「百年企業型経営戦略」の基礎的な考え方なのです。

また、百年企業型経営では、理念とビジョンと価値観のマッチング型採用であり、素直で真面目な子を採用するという「のび太くん採用」を推奨しています（詳しくは五章で述べます）。

「のび太くん採用」とは自社のコアコンピタンスを追求し、サービスを会社の理念に沿ってお客様に提供し続けていく、真の経営活動に適した人材の採用法です。

そのような経営を永く継続していくことは社会にとっても善であり、善行を続けるためにも利益を残しておかなければならないため、昔から経営では「理念と利益を両立させて追求していく」ということが言われていました。渋沢栄一氏が説くところの「論語とそろばん」というわけですが、本質は、その活動を守るための「理念と利益」なのです。

老舗企業　業歴ランキング　(業歴、創業年単位：年)

順位	商号	業種	創業年	業歴
1	(株) 金剛組	木造建築工事業	1439	578
2	一般財団法人池坊華道会	生花・茶道教授業	1430	587
3	(有) 西山温泉慶雲館	旅館、ホテル	1313	705
4	(株) 古まん	旅館、ホテル	1300	717
5	(有) 善吾桜	旅館、ホテル	1299	718
6	(株) 田中伊雅	宗教用具製造業	1128	889
7	(株) ホテル佐助	旅館、ホテル	1017	1008
8	(株) 朱宮神仏具店	宗教用具小売業	993	1024
9	(株) 高半ホテル	旅館、ホテル	942	1075
10	須藤本家 (株)	清酒製造業	876	1141

※ランキングは宗教法人および日本標準産業分類中分類93 (政治・経済・文化団体) 以降を除く。
東京商工リサーチ調べ

第二章

小さな百年企業をつくる経営者のあり方

100

MAKE YOUR BUSINESS
KEEP GOING
OVER A CENTURY.

この章では、これまでお会いした百年企業の経営者や、百年企業を詳しく研究した結果、私が気づいた一〇〇年続けるための一〇の「経営者のあり方」についてお話していきます。

百年企業型経営を理解し、次の一〇か条を体現して、百年企業の経営者を目指しましょう。

経営者のあり方一〇箇条

1 自己の「強み」を理解しよう
2 「仕事オタク」であれ
3 「製品開発・サービス開発」ができること
4 「やること」「欲しいもの」「やりたいこと」3つのリストを実施する
5 「利他」の思いで事業を行っている
6 常に「等身大」であり続ける
7 家系を敬愛している
8 お金を貯める力がある

9 「人生計画」を立てている
10 悪友をつくらないこと

では、一つづつ、詳しくお伝えしていきましょう。

経営者のあり方1 自己の「強み」を理解しよう

一つ目の百年企業経営者のあり方は、まずは自己の「強み」を理解していることです。自分のコンピタンス（強み）を理解し、その強みをもとに勝負している経営者の会社は確実に伸びていきます。自分の強みが商売となっている経営者は輝いていますし、そういう人には「一緒に仕事をしたい」「この会社の商品を応援したい」と思う人が集まってくるからです。

オンリーワン、ナンバーワンになるために強みを活かすことで、会社経営はうまく回っていきます。経営責任者や経営幹部が複数人いる会社では、会社の強みは抽象的になります。しかし、中小企業では経営者の強み＝会社の強みとして出るのでわかりやすいでしょう。経営責任者は経営者自身のみですから、強みを理解すれば行動しやすいはずです。

自分の強み＝自社の強みを理解するためには、第三者の目が参考になります。個人として配偶者・家族や友人知人、経営者としては社員やお客様、取引先や銀行などです。「あなたの強みはこういうところ」と教えてくれる、まわりの人の意見に素直に耳を傾けてみましょう。

頑固な人や強情な人は、人の意見に耳を貸そうとしません。人の意見を尊重する素直な人は、自分の強みを納得すると自信が生まれます。そして、自身も成長し、自社のパフォーマンスが伸びます。それは、共鳴してついてくる人も増えるからです。

しかし、誰かに自分の強みを尋ねることにとまどいを感じる人もいるでしょう。そういう人には「ジョハリの窓」の活用をおすすめしています。自身の強みを知るための方法で、「四つの窓」から考えることで自分を客観的に知ることができます。

窓は四つありますが、多くの人が「開放の窓」だけで自分を判断するため、自分の理解が浅くなるのです。自身ではわからないものの、他人はわかっているあなたの姿を教えてくれるのが「盲点の窓」です。

ジョハリの窓

知っている―他人―知らない		
	開放の窓 自分も他人も知っている「自分」	**盲点の窓** 他人は知っているが自分は知らない「自分」
	秘密の窓 他人は知らないが自分は知っている「自分」	**未知の窓** 自分も他人も知らない「自分」

知っている―自分―知らない

「あなたはそう言っているけど、あなたの強みはこれですよね」「自分では気づいてないけど、こういういいところがある」と配偶者や社員など周囲の人から指摘されることがそれにあたり、あなたの強みがはっきりします。

たとえば、過去の失敗経験を恥ずべきものとして隠している人もいますが、「失敗した」ということは視点を変えれば「挑戦した」ということでもあります。そして、何かしらの強みがあるから挑戦できるのです。つまり失敗のなかに自分の強みが隠れている可能性があります。

会社では顧問、プライベートではメ

ンター（助言者）や師匠といった存在に指摘されることで、自分の強みを悟ることができます。たとえばメンターは「あなたはこれをやってみなさい」と、意外なアドバイスで背中を押すことがあります。これは仏教用語でいう「啐啄同時《そったくどうじ》」です。

卵の中から外に出ようとする雛鳥は内側から殻を突きますが、自力では出られません。メンターの「あなたはこれをやりなさい」という言葉は、殻の外から突いてくれるようなものです。この両者の働きによって卵の殻が割れて雛は開放され、成長していくわけです。

メンター的な立場の人がいると、自分の強みを理解しやすくなるでしょう。

自身を掌握して強みが発揮できる領域で仕事をしている人は、事業がうまくいきやすくなります。能力の有無ではなく、卒啄同時が働くことによって開花するのです。

自らが高い志をもっていれば、いつかメンター的な人と出会えます。自分の強みを理解する前から「私はこういうことをやりたい」という強い想いをもっているとエネルギーを発しますから、メンター的な人と出会う確率が高まるのです。

パフォーマンスなどいわば体力でこなす数が多いから売上があがっているような事例がとても多いです。そういう経営を否定はしませんが、さらに上を目指すのであれば、開花した経営者にならなければなりません。

それでは次に、自分・自社を知るために「秘密の窓」を活用しましょう。

「秘密の窓」とは、ずばり「過去」です。企業においては、創業のきっかけと創業以来の歴史になります。創業のきっかけは、多くの百年企業で語り継がれています。そして、商品サービスや会社のブランド向上に大きく貢献しているのです。

例えば、「ぢ」で有名なヒサヤ大黒堂は、我が子をひどい痔から救ってあげたいという思いで、父である永田久右衛門が何年もかけて開発したそうです。当時は永田家だけの門外不出の秘薬であったそうですが、7代目の久七が口伝で求める苦悩者のために、一般頒布を開始したと言われています。

また、まだ百年企業ではありませんが、セキュリティのセコムも創業以来の60年の歴史を「セコムグループの歩み」と、年代に分けて自社ホームページに事細かに残して公開しています。

このように、過去は語ることによって会社のブランドとなります。あまり手法として活用されていないので、ぜひ使ってみてください。

そして「未知の窓」。

「未知の窓」とは、自分も他人も知らない、これからの未来のことです。

未来は誰にも分かりません。しかし、百年企業の多くは未来を明確に語り、お客様や社員や多くのファンを集めています。コアコンピタンスが明確な自信のある百年企業は、自らのサービスを通して実現される未来を夢として語っているのです。

また、「思いは実現する」という法則からも、未来を語る事によって、多くのお客様や社員の集合想念が、自らを中心としたより良い未来社会の実現を後押ししているようにも感じられます。

企業としては、真に社会に必要とされる自社の存在を、無くしてはならないという危機感から来ている面もあることでしょう。

これらの四つの窓、言い換えれば視点を活用して、自身や自社のことを知ることで「強み」を把握しましょう。

経営者のあり方2 「仕事オタク」であれ

二つ目の百年企業経営者のあり方は、「仕事オタク」であることです。

以前は「オタク」というとマイナスイメージが強い単語でした。しかし今では、自分の好きなことを深掘りしている専門家という、プラスの意味でも使われるようになっています。

一つのことに集中できるオタクは、真面目で一心不乱です。一事を追求することで違う世界も見えてくる、ともいわれています。たとえば、自然農法に凝った私の同級生がいました。彼はいわば「自然農法オタク」で、二十歳にして実習センターに通ってもその分野の先生より詳しいため、みんなが彼に教えを乞うくらいでした。

その後、彼はどうなったと思いますか？　即座に、自然農法を実践してこだわりの立派な野菜を育てる農家になったのですが、その後、すぐに政治家になりました。

彼は自然農法で丹精込めて栽培した野菜を多くの人に届けたいと思っていたものの、行政や組合が農薬使用の作物しか認めず、後進のためにもまずはその仕組みを変える必要があると考えたのです。自然農を追求していった結果、自然農法の農家ではなく、そのような農家を多数輩出していくための政治家になったのです。これは「オタクの発展形」一つの成功モデルだと私は考えています。

もう一つの例として、私が大好きな百年企業の味の素のお話します。

今でこそ、誰もが知っている旨味成分「Ｌグルタミン酸ナトリウム＝味の素」を、一九〇八年（明治41年）発見した池田菊苗博士の話です。伝記によると池田博士は子供の頃から「こんぶでだしを取ると美味しいのはなぜか？」を研究していたとのこと。そして四四歳の時についに、うまみ調味料に関する特許を取得しました。

四四歳まで旨み成分を追求し続ける。その姿勢そのものが、今でいう「オタク」であると思えるわけです。

そして、知人を通して鈴木三郎助（後に味の素の創業者となる）との出会いがあり、味の素が世の中に広まったのです。

まだ現時点では百年企業とはなっていませんが、百年企業と同じような歩みをされている株式会社ミヤトウ野草研究所も良い例と言えます。「野草野菜果物発酵飲料のユアラーゼ」を開発製造された創業者の近藤堯（こんどうたかし）様も同じような生き方をされておられます。

このような例からも分かる通り、百年企業の経営者に「オタク的志向性」は必要な要素です。

一つのことをひたすら追求するような人は真面目で、採算を度外視する欲がない人が多く、追求している事以外には目もくれません。高級時計や高級車などに興味もなければ、夜の街で派手に遊ぶことにも興味を示さず、自分のテーマをずっと追求して開発し続けるような人です。

こうした性質をもつ経営者の会社は仕事熱心ですから、提供する商品もサービスもよくなります。また、経営者の姿勢に共鳴した社員が入ってくるため、社内のマネジメントも難しくありません。そうすると会社環境がよくなり、さらに強い商品やサービスが生まれるため、結果的に永く続く企業になっていくのです。

儲けるために事業をする人は戦略の領域で止まってしまいますが、熱心なオタクはその先の領域に行くことができるのです。

ちなみに私自身は、「工事店経営オタク」を自認しています。七〇〇〇社以上の会社と七〇〇人を超える経営者を直接指導してきて、工務店や工事店のさまざまなパターンが頭に入っているからです。このパターンを元に、中小の工務店や工事店から学んだ知識や知見を、近接する建築業界にコンサルタントとしていかに広げていくかを考えています。

「繁盛親方」というサービスを開発したのはその一環です。これは、コンサルタントを受けなくてもコンサルタントを受けたのと同じ効果を会社にもたらす事が可能なサービスです。コンサルを受けるのをためらう経営者でも、このサービスを利用すればコンサルを受けたのと同じ効果が出るように工夫し、お客様に提供しています。

私の役目は、一社でも多くの中小企業に健全経営のやり方を伝えることです。しかし一人では限界があるため、このようなサービスを開発しました。

もちろん私も百年企業を目指し、精進しております。

自分が追求していることに関して何時間でも話ができるのがオタクですが、誰でものような領域を一つくらいはもっているはずです。無いという方は、まだ、それを発見できていないだけ。オタクになれる領域を発見できていないため、ストレスを感じる不本意な仕事をしているのではないでしょうか。そのストレスを発散するために他の事に時間を使うわけですから、実にもったいないエネルギーと時間の使い方だと私は考えています。

ここまでお読みいただければお分かりかと思いますが、「専門領域」と「自分の志向性」が合致した〝ただ一点〟に「オタク領域」があり、この「オタク領域」で仕事を進めていくことが出来れば、つらいことも苦しみと感じることなく、仕事を前進させ続けていく力が生まれると私は思います。

この「オタク領域」で過ごせば、業績に関わらず毎日が充実し、時間が惜しく、そうした日々が積み重なっていくことで、ごく自然とお客様に喜ばれるサービスが生まれ、事業が自然と育っていくのです。

経営者のあり方3　「製品開発・サービス開発」ができる

三つ目の百年企業経営者のあり方は、「製品開発・サービス開発」ができることです。百年企業はマーケティング重視の企業よりも、ものづくりの企業が多いのも特徴です。これからの情報社会では、マーケティング重視によって百年企業を目指すのが難しいのは誰の目で見ても明らかでしょう。

なぜなら、マーケティングは知的生産物に限りなく近く、これからもどんどん進化していくと考えられるからです。技術の進化を完全にフォローする事は、特に中小企業の場合は限りなく難しいと言えますし、マーケティングの中の一つの技術をコアコンピタンスと設定しても、その技術自体がすぐに新しいものに置き換えられたり廃れたりしてしまう可能性が高いからです。

マーケティング重視の企業よりも、ものやサービス重視の企業のほうが「永生き」する可能性が高いということをなんとなくご理解いただけたでしょうか。

「製品開発」とは形のある商品やシステム等を指しています。つまり、人材紹介会社であれば「求人サイト」というのも一つの「製品」と捉えることができます。私のようなコンサルタントであっても、ただ単に「知識提供業」となってしまうのではなく、「経営支援ソフト」等の「製品」を「開発」することが「製品開発」となります。

なぜ、このような製品開発が必要なのか。それは、製品開発することにより、お客様に提供するサービスをある程度均一にすることが出来るからです。その均一化によって、お客様からの信頼を持続させて、固定客化を促進することが出来るからに他なりません。

ただ今のような時代では、商品においてもWEBアプリ等においても世界中がライバルとなりますので、開発しただけではなく「絶え間ない革新」も重要です。

そのような「製品開発」が出来る会社は「永生き」していくことができます。一〇〇年間続くかは他の要素も必要となりますが、その土台になることは間違いありません。

また「ものづくり」だけでなく「サービス」として形を作ることも大切です。

たとえば、接骨院、マッサージ、税理士などのサービスにおいて、ほぼすべての会社が、トッププレイヤーである代表者の「経験」から繰り出される「属人的サービス」に依存しているのが現状です。代表者は入社してきた社員に対して「うちのやり方」

を主張されることが多く、社員は社長が属人的にこなしている「うちのやり方」を全く理解できず退社する、という悪循環を繰り返しているというのが中小サービス企業の現状です。そのような状態が続けばどんな会社でも、必ず、社長の年齢と共に先細りし廃業するのが宿命でしょう。

ただし、このような百年企業化を阻害している「抑止力」が理解出来れば、それを取り除くために動き出すことができます。

その動き出しの第一歩が「サービス製品開発」であり、「中小企業社長が唱えるうちのやり方」を「製品化・サービス化」して、新人でも成果を上げられることができるようになるのです。

もちろん、これだけで百年企業になるというわけではありませんが、「サービス」として「見える化」されていればＰＤＣＡのサイクルが早くなるため、時代の変化にも追従していくことができるようになります。

経営者のあり方4　「やることリスト」「欲しいものリスト」「やりたいことリスト」を実施している

四つ目の百年企業経営者のあり方は「やることリスト」「欲しいものリスト」「やりたいことリスト」を実施していることです。なぜなら、この三つのアクションプランは経営に直結していて、思考を過去から未来に変えるものだからです。

低迷する経営者の特徴の一つとして、過去に未練を残していることが挙げられます。過去においては「成功体験」であっても、そのことに囚われ続けて、未来に向かって前進できなくなる経営者がとても多いです。また、失敗体験においては、負債や、痛いトラブル等も負うことから尚更、未練を残してしてしまうことにも繋がってしまうのです。

結果、これから向かうべき未来を正しく見つめることができず、経営が停滞することにも繋がっていきます。

経営者の心の眼を未来に向けるためにも「やることリスト」「欲しいものリスト」「やりたいことリスト」を実施し、続けていく習慣を持つことが大切です。

それでは、具体的に説明していきます。

① やることリストの作成・実施

「やること」の中には、以下の四つの象限があります。

普段から身に降りかかる「やること」を、この四つの象限に振り分けて処理をします。そのことにより、頭の中がすっきりするため物事・出来事・会社・社会をフラットな目で俯瞰的に見つめることができるようになり、短絡的な誤った経営判断がしづらくなります。

② 欲しいものリストの作成・実施

二つ目の「欲しいものリスト」は以

重要・緊急マトリクス（やることリスト）

① 緊急でもあり重要でもある ・すぐに自分自身がやる ・カレンダーに入力する	**② 緊急ではないが重要である** ・カレンダーに入力する ・経営者の休暇・事業計画の策定・経営会議の機会を利用する
③ 緊急であるが重要ではない ・すぐにやらなければいけないが、必ずしも自分でやらなくても良いものは社員や外注業者などに任せて期日までに行う	**④ 緊急でもないし重要でもない** ・自分がやる必要があるのか検討 ・自分でやらなくて良いことはやらない様に努力する ・時期による。今は緊急・重要でない。〜月になったら、〜になったら、緊急・重要になる案件もある

緊急（↑）　重要（→）

下の通りです。

「欲しいものリスト」を作成して「必要なものの順番に並び変え、具体的にしてみる」ことで、何を求めているのかを明確にでき、無駄を防ぐ抑止力の効いた経営戦略を考えることができ、かつ、実現性を高くしてくれることにもつながります。

「欲しいもの」とは仏教用語で言うと「欲望」かもしれませんが、

欲しい物リスト	必要なものリスト	具体的にしてみる
欲しい物・欲しい能力・欲しい環境などを具体的にしてみる。 「欲しい」という言葉で表現されるもの。 他利のものを記載することも大切。 **効果1** 心の三毒（迷いの根源）貪・瞋・痴（とん・じん・ち）→心の中にある欲を明確に書き出し、見つめることで迷いもなくなる **効果2** 「欲しいものリスト」をしっかり実践していくことで、相手の「欲しいもの」も見えるようになり「セールス」や「部下育成」が上手になる。 **効果3** スキルビルディング思考が磨かれる 例）もっと自信を持ちたい このような場合、具体的には何が欲しいのだろうかと考えてみる。 ・○○○が出来るようになりたい ・そのためには△△△に通い、 ◇◇◇を身につけたい	必要であると表現できるものを書き出してみる。 **効果1** 物事を実現する力が身につく なぜなら「やりたいんですよね～」という欲では実現はできず「やらなければならないんです」という必要さが実現を促進する力であるため。 ・マズローの欲求段階に基づいて痛みがある順番から並べ直してみる ・「二つの目標設定」に基づいて考えてみる 例）一〇〇年企業をつくりたい、そのための第一目標は、○○年までに△△△という組織をつくること	左の「欲しいものリスト」と「必要なものリスト」について、それぞれを具体化してみる。 「宇宙での買い物」は明確に特定できるほど具体的にしないと絶対に手に入らない。 そのモノが目に浮かび、手で触れるほど具体的に想像すること。

欲望の全てが必ずしも悪いというわけではなく、欲望をあいまいなもののままにしておくことや、欲望を整理しないで間違った順番で手をつけてしまうことが「諸悪」の発生原因になる、私はそう考えています。

また、次の項目で説明する「利他」だけが重要ということでもなく、その時々、自分の環境の中でよく考え、自分がやりたいことを優先して良いのか、回りの人たちのためになることを優先したほうが良いのか、バランスを見ながら欲しがることも大切だと考えています。

私が接してきた経営者の中には、あまりにも「利他が大事」という概念に囚われ過ぎ、自分を押し殺しすぎてしまっている経営者もいました。そのような状態では成功し続けることは出来ませんので、あくまでも、その時必要なものとのバランスが大事になってきます。

③ やりたいことリストの作成・実施

三つ目の「やりたいことリスト」とは、公私共々「やりたいこと」をリストアップしておくことを指しています。

会社での「やりたいこと」とは、既存サービスのリニューアル、新サービスの開発・リリース、人材採用など、沢山のことがあります。

それらはジャストアイデアのままにすぐに実行するのではなく、まず「やりたいことリスト」に書き溜めておき、よく考えたり、よく調べたり、実際に計画を書いてみたりしながら、どのように実行をしていくか、構想をしっかりと練ることが大切です。

特に社長が全ての実権を握っている中小企業経営者ほど、「やりたいことリスト」を作成して企画を練ることが大切。それだけでも失敗を軽減させて、企業寿命を伸ばす効果があると私は思います。つまり、行き当たりばったりの経営の失敗が未然に防げるのです。

個人の場合においても同じですが、あらかじめ人生でやりたいことを書き出しておくことが大切です。そのことにより、衝動的な遊び、無駄な買い物などを防げます。それだけではなく、近い将来やりたいことを書いておくことだけでも「人生の夢」にも繋がり、日ごろからのモチベーションアップにもなります。家族の場合でも、次の夏休みは○○○をしよう、冬休みには○○○をしよう、などというように話し合い書き出してみることです。

以上が「やることリスト」「欲しいものリスト」「やりたいことリスト」についてです。このような思考習慣を持つことで「やり残したことがない」状態を持続できることになります。

実は、これらの思考習慣はそのまま「経営」に直結しています。

・「やることリスト」は、普段からの業務の進捗確認と分業体制について

・「欲しいものリスト」は、経営改善策の企画提案と実行計画について

・「やりたいことリスト」は、経営計画策定や新サービス開発計画などについてと、各々に直結している思考習慣なのです。

とても大切であることを理解しておいてください。

経営者のあり方5 「利他」の思いで事業を行っている

五つ目の百年企業経営者のあり方は、「利他」の思いで事業を行っているか否かです。はじめはどうしても「利己の精神」、すなわち自分の儲けを最優先にし、お金のために利潤追求型の仕事をしてしまうかもしれません。しかし、仕事を追求し続けてい

くと、いずれは自然に利己の領域を超えていき、仕事に対する高貴な精神性が芽生え、お金目的ではない利他の気持ちになっていくのです。

このような「利他の経営」を初めから行う経営者も少数ですがいます。そのような経営者の多くは「利己の精神」優先の経営者よりも会社を成長させていることがほとんどです。なぜなら、「利他の精神」には、お客様、社員、身の回りの方々など、多くの人が賛同してくれるからです。

もちろん、現実的に先立つ資金が無ければ「利他の精神」だけでは生きてはいけないので、現実面も考えていくことが大切です。

具体的には、経営者自身・家族の『人生の生涯生活費用』を冷静に算出し、それを蓄積することを第一目標とすること。次に、社員を抱えているのであれば、年商の50％の内部留保を次の目標として蓄積していくこと。その後はもちろん年商相当額の内部留保を目標としていくこと。そこに至るまでには、多少の時間もかかるため、「経営戦略」をマスターし、未来への不安を自ら払拭しておきましょう。

こうすることによって、利己から離れやすくなり、「利他の精神」を持続しやすくなります。

ところが、このような論理が分からない経営者には、「利他の経営なんて、所詮、絵空事だ。俺たちのような中小企業の経営者には関係がないことだ」と鼻で笑われることもあります。

そのため、やみくもに新規事業にチャレンジして一発当てようなどと考えてしまったり、事業がうまくいかない・人が集まらないのは、自分のいる土地柄や、業界が悪いなどと他者のせいにしてしまいがちです。

「経営」を字解すると「お経の営み」です。お経には、お釈迦様が話した宇宙や真理が記されています。その真理とは森羅万象、つまり宇宙の真理のことで、

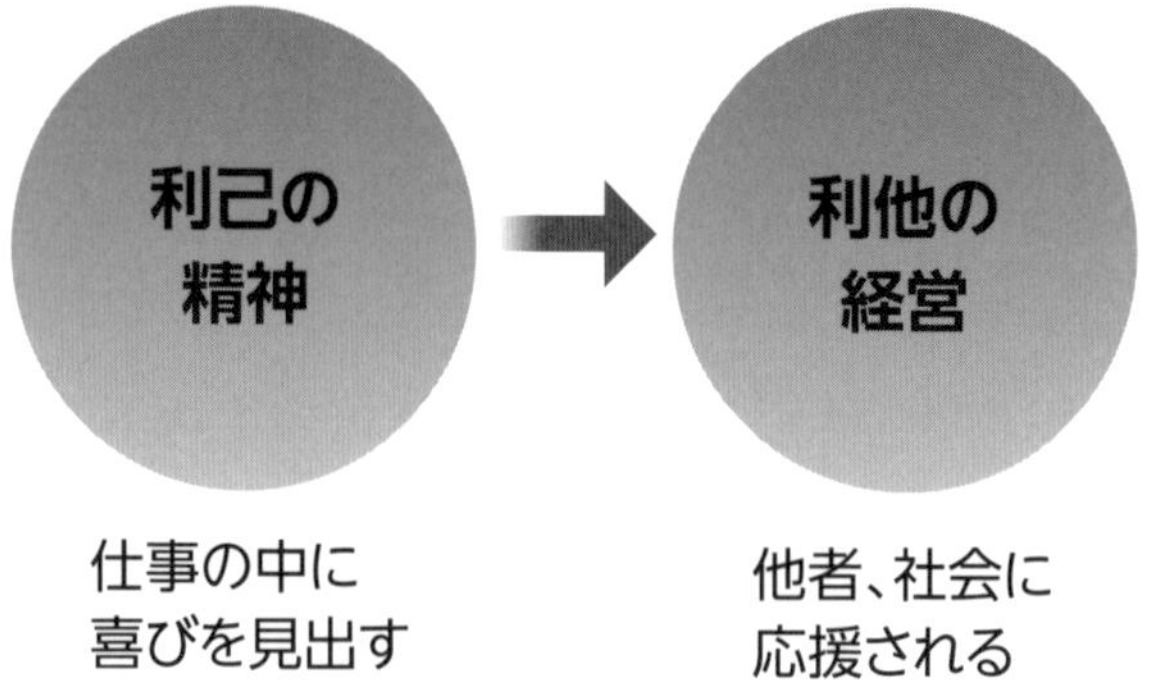

その真理のなかで営むことこそ「経営」と呼ぶにふさわしいものなのです。それこそが「利他の経営」だと言ったらどうでしょうか。少しは理解しやすいかもしれませんね。そのような経営を続けているからこそ、百年企業となれる会社もあるわけです。

経営者のあり方6　常に「等身大」であり続ける

六つ目の百年企業経営者のあり方は、常に「等身大」であり続けることです。

昔から「中小企業経営者は見栄を張る」とか「中小企業と屏風は広げれば倒れる」等と言われているとおり、中小企業の経営者にありがちなことが、見栄を張ったり事業を広げすぎることです。

つまり、自社を大きく見せたがったり、儲かっているふりをしたがるのです。そのために自社や自分を虚飾しがちなのです。

いい会社だと思われたいと見栄を張り、お客様に対しても、採用する社員に対しても誤解を与えるようなホームページを制作すると、クレームや早期退職の原因ともなったりします。そのため、私は、中小企業は等身大の経営を心がけることが大事であると考えています。

一方、等身大のオーガニックグロースの会社はオンリーワンブランドということで、自社のありのままの姿を、いかにわかりやすく伝えるかを重視します。ホームページでは身の丈に合わせたシンプルな表現とし、ありのままの等身大の姿を表現していきます。

ありのままを表現したいため現場の社員をそのままホームページに出しますから、「自分がこの社の代表だ」と、社員たちの自覚も変わっていきます。

たとえば、採用時においても、現状をそのまま語っても求職者を魅力づけするためには、自社独自のビジネス自体の強み・魅力を語ることが大切です。

時代の流れの中にあるチャンスを捉える眼だったり、ごく当たり前のサービスを行っているにも関わらず、独自の社内文化が魅力的だったり、何も無い環境がかえって魅力的だったり。現状そのままを、いかに魅力的に表現するか、この点が、入社後の社員の活躍にとっては、極めて大切なのです。

また、販売においても、お客様から透かし見られている会社の実態を、開き直って見せるようにし、その上での魅力づくりを考えることが極めて有効です。

具体的には、私が行っている塗装店経営FCでも「事務所はボロいが、腕は一流!」というキャッチコピーを活用しています。正直、きれいな店舗を借りたくても借りられない小さな塗装屋さんもあります。だからと言ってその会社に魅力が無いわけではありません。それを逆手に捉えて「会社がまだ小さいので、事務所にはお金は掛けられませんが、腕には自信があります。それを理解してくださる方は、ぜひうちのお客様になってください」と表現しているのです。

さらには、社内マネジメントでも、中小企業社長は、さも物知り顔で、立派な経営者のように表現する方も多いものですが、それも不要です。社長も、会社のステージも、社員も、まだまだ未熟な段階にあるのです。それを全員で理解した上で経営に取り組んでいく。そのことが、中小企業の等身大であり、永く続く企業だとも言えます。

また、事業目標においても、同じことが言えます。今の社内のリソースを冷静に見つめて、その上で、適正な事業目標を持つことが大切です。具体的には、適切な店舗経営責任者が居ないのに多店舗展開をしようとする中小企業経営者が大勢いますが、これは目標設定から完全に間違っています。

その後、即席で採用した責任者に店舗経営を任せて数か月~数年で退職されてしまうということを繰り返し、それでもまだ理解できない中小企業経営者は重症です。自分自身と自社を冷静に見つめて、その上での着実な事業目標を立てましょう。

等身大の姿をシンプルに表現すると、その会社に共感してくれるお客を集客できます。そうしたお客様に満足してもらいたいため、自社の製品やサービスについて徹底的に考えて仕事を行います。そうすると、感謝の信頼というよい反響がたくさん返ってくるわけです。

自社を等身大で見つめ、その等身大を表現していくオンリーワンブランディングといえるでしょう。

鎌倉時代の僧で曹洞宗の開祖である道元の「正法眼蔵《しょうほうがんぞう》」のなかに、「自己を見つめたければ自己を限りなく欠落させて忘れて、自分が接するまわりの目に映る自分の姿をつぶさに観察し続けることである。そこに本当の自分が映し出されている」という意味の言葉があります。

先述した「盲点の窓」で、常に自分がまわりからどう見られているかを認識することを心がけて、自己認識することが成長につながっていくのです。

このロジックは、商売そのものにも完全に当てはまります。社会に映っている自社自身の姿を知り、自分たちに向いたお客様を確実に見つけて、その人たちにアプローチをすることです。

多くの中小企業はライバルを敵視し、負けないように燃えますが、そんな必要はありません。道元の教えのように、外に映って反射している自己を見つめることです。

等身大の自分を知ることは経営でも重要なことで、戦略はそのあとで生まれるもの、といっていいでしょう。百年企業型の経営を目指すには、常に等身大を意識した商売をすることなのです。

採用時、販売時、社内のマネジメントにおいて、事業目標において、で説明しましたが、様々なシチュエーションで、見栄を張り過ぎず、等身大を魅力的に表現していくことに専念していくようにしましょう。

経営者のあり方7　家系を敬愛している

七つ目の百年企業経営者のあり方は、「家系を敬愛している」ことです。

最近はお盆に墓参りをするという人も少なくなったようですが、ご先祖様や家系は、実はとても重要なのです。経営者にとってはなおさらです。永く続いている会社では家系がきれいであるという特徴があるのです。少なくとも「自分―父母―祖父母」のつながりがしっかりしています。

長続きしない会社の経営者は、たとえば父や祖父を尊敬していない、お墓がどこにあるかわからない、離婚・再婚が多くて親族が入り乱れている、というように「家系の乱れ」があります。特に三代以内の影響はかなり強く、仮に父と祖父の仲が悪ければ、よくない影響を受けます。

具体的には、家系の整った家庭で育つと自分の周囲の調和した環境しか見ていないため、少しでも調和が乱れている人や会社を見ると違和感を持つことができるのです。乱れのない環境で育っているため、不協和を敏感に察知して拒否反応が起こるのです。一方で乱れた環境で育つと「乱れている状態」が普通だと感じますから、不調和に気づきにくい傾向があるようです。

また、販売においても、家系の乱れている経営者は、お客様との「和合」もイメージが出来ないため、乱暴な販売をする会社になってるように感じます。一方で家系が整った経営者は、お客様と長期間に渡る信頼関係をもっとも大切にしますので、丁寧な販売をする会社になっていたりします。

では、自分の「家系」が乱れていた場合に自分では改善することはできないのでしょうか？　そんなことはありません。

今の経営者が乱れに気づくことができれば、すぐに直すことができるのです。たとえば親や子供との関係がよくなかったら修復に務めることで乱れを直すことができるでしょう。そうすれば、その次の経営者から調和をはかることが可能になるでしょう。

具体的には「子」は「親」や「家系」を敬愛することです。当然ですが、息子が親に議論を挑んでも親は息子の言うことを素直に聞き入れることはあまりありません。当然ですが、親から生まれた子であり、自分より劣った、教え育てねばならない存在と親は子の事を考えます。子は親に育てられていく。子はそのことに感謝をする。そして、子の方から、親・祖父母を敬愛するという環境が大事です。

もっともすぐに「敬愛する」事ができないような環境があることも理解はしています。それでも、気づいたあなたが親を敬愛し始めることが大切です。あなたが始めればあなたの「息子」や「孫」はあなたの真似をして、あなたの家系を着々と創っていってくれることでしょう。

家系が乱れていない経営者の会社では、どのようなことが起きているのかを紹介します。

たとえば、ほかの会社に就職した小中学校時の同級生が退職して、会社が成長した時期に入社してくれたりします。一見、因果関係が無いようにも見えますが、私が数多くの会社を見てきて、なぜかそのようにうまく協力者が集まってくる会社の特長は「家系を敬愛していること」でした。

このように、協力者がタイミングよく入社してくれるため、会社も発展していき永く続いていくのです。もちろん、幹部社員だけではなく、「後継者」候補も入社してくる確率も高いとのことでした。

これが「家系を敬愛している」効果なのです。

私は多くの会社を見てきましたが、経営者の父は会社のビジョンを担っています。父親の生き方を見て経営者の人生ビジョンや経営ビジョンが生成されるからです。また、母親の愛情で経営者は育てられるため、人間関係は母親の愛情に強い影響を受けているといえます。

両親を尊敬していないというのは、経営者の事業ビジョンや人間関係の乱れとなってあらわれます。そのため会社経営がうまくいかないのです。たとえ両親の器が小さかったとしても、尊敬の念は必要です。それによって自己認識ができ、ビジョンや人間関係が正しくなっていくのです。

私はどの会社にも伸びる力はあると考えていますから、壊れる力をいかに抑止するかが重要だと思っています。そのために必要なのが調和で、その一要因が家系にあるというわけです。

私自身も父母の両祖父母を敬っています。先祖を尊ぶ気持ちがあると、先祖の顔に泥を塗るような、自己の利益のためだけの醜い行動を取りにくくなっていきます。ましてや先祖から引き継いだ商売であれば、特に乱れないようにするでしょう。

たとえば、百年企業である日本橋の「にんべん」の経営者は現在一七代目ですが、大学卒業後すぐに日本橋高島屋に勤めました。それは家業を継ぐ彼を、日本橋界隈の商売人みんなが協力して応援しているからです。家系が整っていると、そうした応援者が大勢出てくるというのも特徴です。

そうした姿が理想の一つだとすれば、多くの中小企業は今がスタート地点と言えるのかもしれません。「乱れ」に気づいた人から直していけばいいのです。

経営者のあり方8　お金を貯める力がある

八つ目の百年企業経営者のあり方は「お金を貯める力」があることです。

私が見てきた限りでは、売上を上げる力がある経営者は一定数で生まれてきますが、「お金を貯める力」が育つ経営者は比較的少ない傾向があります。

特に、売上が上がり、社員数が増えても、個人事業主時代の自分の金銭感覚のままの方が多いのです。そのような方は、年商1億円程度の売上を上げているにも関わらず、数百万円程度の内部留保しか持ち合わせていない経営を行っていたりします。

年商1億円であれば、百年企業基準の内部留保は、50%の5000万円以上になります。そのような目標設定をし、さらには潜在意識の中にある「お金の器」を変える努力をしない限り、お金を多く貯めることができないのが現状です。

その理由としては、以下の5点があるように私は感じています。

【中小企業経営者がお金を貯められない5つの原因】

①営業利益率には業界標準値があると思い込んでいる

中小企業経営者は「今、うちの業界では営業利益は○%が基準であり、それ以上の利益は出しにくいのだ・・・」等という間違った概念を信じ込んでしまっています。現実はそんなことはありません。常識を疑い、挑戦し続けましょう。

②経営には運転資金が必要と信じ込んでいる

経営には運転資金が必要であり、経営は誰が行っても金融機関から運転資金を借りて行うのが一般的であると思い込んでいる。こちらも現実はそんなことはありません。支払いのタイミング変更や身の丈にあった経営を着実に進めることで、運転資金は少なくても回せます。大きく成長するためには、商売が小さな時期から自前資金で行う習慣が大切です。

③営業利益を出す〝正しいやり方〟を理解していない

税理士先生等が「経費削減」をしきりに指摘をするので、経費削減意欲はありますが、肝心の1件単価アップ、原価管理など経営の中核部分に対して、売上利益を高めていく努力をしていない。入るを量りて出ずるを為すともいえます。「出る」はどの経営者さんも気を付けますが、忘れがちなのが「入る」を増やす方です。

まずは、月次の管理会計を実施し、低い損益分岐点での経営を心がけることを念頭に置き、利益が出る状態を継続しながら、やや保守的にマーケティングをかけて売上を上げていくことと同時に、自己資本を少しずつ増やしていく努力をしましょう。

バランスの取れた努力をすることで、売上利益を高めていくことができます。

④経営の現実を見ていない

中小企業で退職金を出すためには、経営者自身が貯めておかなければならないが、その認識が無いため、明確な内部留保目標を持っていない。だから冷静に考え、明確な内部留保目標を持つことが大切です。中小企業では三〇年勤めた社員の退職金は500〜1000万円とも言われています。社員に長く勤めてもらいたいと考えるのなら、強い事業を創るだけではなく、現実的に社員の退職金も貯金していく覚悟を持ちましょう。

⑤社長が自分のことしか考えていない

中小企業経営者の多くは、自分の生活費を稼ぐために「会社」という器を持っているという認識の方も多く、そのため自分の生活費が多めに出せればそれでよいと考えており、内部留保を貯めることを考えていない。会社は自分のためではありません。社会の「社」とは、土の守り神が起源の文字です。神様を祀るために集まったのが社会であり会社です。ことの起源から考えると、社会のために会社があるのだとわかると思います。今から考えを改めましょう。

これらの間違った概念が、中小企業経営者がお金を貯めることができない原因です。そのため、これらを改めることで、誰でも本来お金を貯めていくことができるようになるものです。

売上利益があれば会社に自動的にお金が貯まる、というわけではありません。経営者の中にはお金が残っても使ってしまうタイプがいるからです。稼ぐ力と貯める力は別のものなのです。

何度もいいますが、百年企業は「因縁果報」でエネルギーが回っていますが、その結果何が起こるかというとお客様にもエネルギーが蓄積していきます。そのエネルギーを経営者が報酬として受け取ることができます。それが会社のエネルギーとなってさらに仕事に力を注ぐことができるため、お客様の喜びがさらに増えていき、ますますエネルギーが貯まっていきます。それと同時に、企業内に「ありがとうのお金」も貯まるのです。

お客様の感謝や信頼とお金は、多くの経営者が貯めたくなります。お金で自分の好きなものが買えるとかお金で野望を果たすことなどを考えると、お金は単に欲望を果たす道具となってしまいます。エネルギーがなくなれば会社が回らなくなります。

貯まったエネルギーを見える化したものが純資産ということになります。百年企業がもっているお客様の感謝や信頼は、みんなで地道に汗水垂らして頑張った結晶ですから、蓄積したくなるのです。

ただし、小さな企業ほどお金があることを社員に言ってはいけません。会社にお金がないと社員は不安がるでしょうが、「みんなの将来を考えるともっとお金を貯めておかないといけない。今は利益が少し出ているが、これだけではみんなを将来的に養っていくまでになっていない」と説明して納得してもらうのです。

1000万円稼いだからといって有頂天になって「1000万円をみんなで分配しよう」では長続きしません。何十年も社員を養っていくことを考えれば、1000万円では到底足りません。

社員も、ボーナスが一時増えるよりも、小刻みに課題や報酬があったほうが頑張ります。ベースアップよりも課題とニンジンです。上手な会社は常に明確な課題（ニンジン）を掲げてみんなをその方向に向かわせます。

「これからはこういう開発をしていかないと生き残れないから今年はこういうことを頑張ろう」「競合はこういう新しいことをしているから、われわれはここまで進化させてこれを提供していこう」という目標を掲げ、「今期は頑張っていこう」と社員を鼓舞して前に進んでいくのです。

経営者のあり方9 「人生計画」を立てている

九つ目の百年企業経営者のあり方は「人生計画」を立てていることです。

私が多くの経営者を見てきた中で見た「経営者の人生計画」の基本理論をご紹介いたします。（以下は男性をイメージした人生計画となります）

人の人生には季節同様、大きく春夏秋冬があり、それぞれの季節には意味があります。春は「準備」、夏は「成長」、秋は「収穫」、冬が「還元」です。

春の「準備」では、二五歳位までに自分の生き筋を定めます。

夏は「成長」。おおよそ二五歳から五五歳までの約三〇年間で、体力がいちばん充実している時期です。

人生のグランドビジョンを描く基本理論① コアコンピタンスの発露と肉体年齢の関係

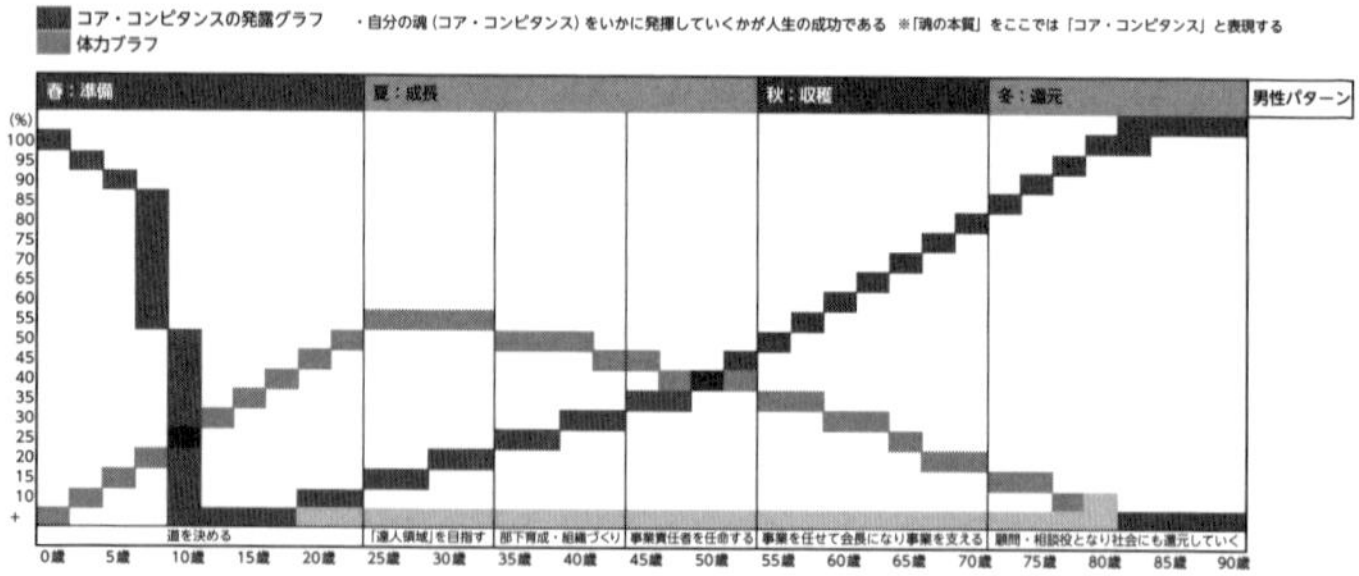

準備 ～25歳位まで
自分の生き筋を決める
～25歳～55歳 成長
10年刻みに区切り
専門職から達人領域
に到達させる
春
夏
秋
冬
収穫 55歳～
責任者を育てた数だけ
事業が伸びる
70歳～ 還元
業界や地域社会に
知恵を還元する

この時期の特に初期には、自分のコアコンピタンスが明確には開花していないため、仕事を通して開花し続けることに集中します。夏の期間に男性が主にやるべきことは、三〇年を一〇年刻みに区切り、最初の一〇年に「専門領域」を極めて「達人領域」に到達させることです。

達人領域に到達したら、人つまりお客様と社員がついてくるようになりますから、次の一〇年は組織づくりに注力することです。大企業などの組織で働く人であれば出世をしたりするので、この時期が部下育成に注力する時期になります。現場でいえば親方、職長、責任者、会社でいえば主任、課長、部長クラスを育て上げていきます。

最後の三〇年目の一〇年間は経営を責任者に任せ、彼らを通して事業を成長させていきます。優秀な会社の経営者は、四五歳くらいで後継者に社長の座を譲ります。

それは夏の時期の最後の一〇年です。新しい社長をサポートしながら事業を伸ばしていくわけです。組織で働く人であれば、この時期には、本社もしくはグループ会社の経営者や役員等を任せられることもあるでしょう。

秋は「収穫」の時期です。五五歳くらいから始まりますが、この年齢は老年の入り口にさしかかり、自分で新人を育成することが困難になる年齢になりますから、この時点までに経営責任者を育てていないと事業も、その後伸ばしづらくなります。

しかし、秋は責任者を育てた数だけ事業を伸ばしていくことができますので、会長職となり自らで創った事業を支えることができます。

この頃は、その次の後継者候補となる息子さん等が入社をしてくる時期です。

冬の「還元」の時期は、七〇歳以降から始まります。実務から離れ、顧問や相談役のような立場となって、自らつくった事業や地域だけではなく、もっと広く、関わってきた業界や地域社会に対して、自分の知恵を還元していきます。それ自体が事業にとっても、かけがえのないブランドとなり、事業はさらに成長をしていくことになります。

この時期までに、経営者は息子に、①父が創った事業のコアコンピタンス、②関わっている業界の特長、③その中で行う自社の経営戦略、④自分自身の強みや特長・人生計画等をあらかじめ理解させることを通して、後継者へと育てていきます。

このような「人生計画」が百年企業をつくる経営者としての成功であると、私は数多くの経営指導を通して定義するに至りました。

これに基づいて、事前に自分は何歳までに何をすればいいかを考えていれば、事業の継承時期を間違えることはなくなり、その上で、本書に記載のある「経営戦略」を学び実践していくことで、百年企業となっていくと確信をしています。

経営者のあり方10　悪友をつくらないこと

一〇番目の百年企業経営者のあり方は悪友をつくらないことです。

いろいろな縁ができやすいのが経営者ですが、なかには害をなす縁もあります。

明らかに悪友になりそうな人もいれば、最初は悪友ではないと感じられる人もいます。自分の人生でやるべきことを逸《はや》らせるような人は悪友です。悪友が一人でもいると、それまでいた良友も遠ざかってしまい、さらに悪友となる人が集まってきてしまいます。

百年企業になるには「守り」も重要なのです。何を守るかといえば、形ではなくバイブレーションや思考です。反発する考えや反対意見を持つ人と付き合ったり、そのような人を自社に入れたりすると、自社のバイブレーションが乱れてしまいます。

儲かってお金があるといろいろな人が寄ってきてちやほやしてきますが、そういう状況は積極的に避けることが肝要です。

さまざまな人と接することで自分の世界を広げるために行われる異業種交流会も、こんなことを言うのも一部の方には失礼にあたるかもしれませんが、私は参加しないほうが良いと考えています。

それは、異業種交流会より大切なことがあるからです。事業を成長させるために、お客様の心の中にあるニーズから眼を離さないこと。そのニーズに応え続けられるサービス提供から開発に勤しむこと。そして、そこから新しいマーケットを見出す努力を行うことです。その上で、自社の事業に100%共感してくれる社員を1名ずつ増やし続ける努力をしていきましょう。

そのことの方が異業種の交流より、はるかに重要なことだと私は考えています。

「この人とつきあえば自分が得をするのではないかな、儲かるのではないかな」と利己的に考える人が中小企業の場合には多いため、部外者とはあまり交流を深めないほうがよいと私は考えているということです。

二章では、私のコンサルタント経験などをもとに、百年企業型経営を目指す経営者のあり方についてお話してきました。

経営者とは、企業としてのあるべき姿を体現し続ける人です。体現し続けられる経営者でなければ組織は成長していきません。ここで語った一〇のあり方をまず経営者自身が体現し、その上で、社員やお客様と共鳴できるかたちをつくり続けるのが経営者の役割です。

埼玉大学工学部でこんな実験結果がありました。メトロノームを三二台、バラバラに動かして同じ場所に置いたところ、四分後にはすべてのメトロノームが同じリズムを刻むようになったというのです。

このように、「波長は共鳴する」というのは、不思議ですが、何度行ってもそのとおりになる「宇宙の法則」であるとも言われています。

そのようなことからも、本当に永く続く会社にしたければ、経営者を中心に百年企業型の経営者の波長の共鳴場をつくらなければなりません。まるで百年企業の波長を出すメトロノームになったつもりで経営に取り組んでいけば、いずれみんなの波長も合っていきますし、現に私が見てきて永く経営を続けている会社はそうなっているように思います。

第三章

小さな百年企業のサービス戦略

100

MAKE YOUR BUSINESS
KEEP GOING
OVER A CENTURY.

本章で言及する「サービス」は、いわゆる「サービス業」（情報通信産業、運輸業、宿泊業、娯楽業など）のことではなく、商品はもちろん、工事や施工を含め、ビジネスとして提供されている企業活動による価値の提供全般を指します。「サービスとはヘルプであり、困っているお客様を助けてあげることが企業の仕事である」とはよく言われることで、これに該当しない事業は事業として成り立ちません。

そのサービスをどう展開するか、その戦略について見ていきましょう。

創業者のコアコンピタンスに基づくサービスであることが条件

サービスを提供するから事業が成り立つわけですが、さらに「そのサービスが創業者のコアコンピタンスに基づいたものであること」という条件をクリアしているのが、私が調査した上で確信を持っている「百年企業型経営」です。

中小企業の経営者は、「何が売れそうか」という視点でビジネスを考える人が多く、ごく稀にヒットするケースもありますが、会社が永く続くかどうかはまた別の話になります。

時代の変化が現在より緩やかだった頃は、一つのサービスが長持ちしましたが、現代は一～二年で時流が変わります。また、競合他社も多いため、どんな業態でも短いスパンでサービスを見直していく必要があります。そうでないと、商売を永くやり続けていくことが困難となります。

さらに、最初は創業者のコアコンピタンスから始めた事業でも、組織として人が多くなると「売上をあげるための仕事」に比重が置かれがちになります。規模が大きくなるに従い、コアコンピタンスから外れた仕事をやり始めると自社の強みを見失い、結果的に時代の流れについていけずに長続きしなくなってしまうのです。

業界全体を見るという視座に立つのではなく、小さく絞り込んだところ（最近では、マスニッチとも言われているようですね）に創業者のコアコンピタンスを見出したサービスこそ、最強のサービスとなりうるのです。

塗装業界でいえば、何に塗装しても同じ「塗装」と思われがちですが、住宅（一戸建て）とマンションの塗装とではクライアントのタイプも規模も違い、工事の進め方や方法も異なります。

一戸建ての住宅塗装では、お客様との取引であり、かつ、お客様と作業者の距離がとても近いので、接客業的な視点も必要です。一方、マンションの場合は管理組合や建築事務所との取引であるため、ＢｔｏＢ（企業間取引）のビジネス色が濃く、施工においては合理的に仕事を進める必要があります。しかし、実際の住民は利害関係の無い消費者であるため、接客業というよりも、社会通念的な規律正しい配慮が必要となります。

同じ「塗装工事」でもこのような違いがあるのです。そのため、自社がどちらを得意とするのか把握しておかなければなりません。そして、強みから発生した創業者の事業のコアコンピタンスから足を踏み外すことなく、コアコンピタンスに基づいたサービスを提供し続けなければいけません。コアコンピタンスからの関係が遠いサービスは、極論すればどの会社でもやっているわけですから、競合他社とのマーケットの奪い合いのなかで淘汰されやすいのです。

１００人規模程度の会社でも、コアコンピタンスという概念が理解できているのは創業者一人だけ、というケースが多くあります。営業部長や工場長といった管理職も本質的には見えていないことが多く、創業者が持つコアコンピタンスに基づく自社の強みを理解し、どのマーケットを狙えばいいかが見えている人は、100人の社員のなかに一人もいないケースがほとんどなのです。

そのため、特に中小企業は一〇〇年どころか数年で苦しくなってしまうわけです。逆に言えば、創業者のコアコンピタンスに基づくサービスをしっかり設計していけば、永く続けることができる、ということになります。

コアコンピタンスを具現化する「仕様書＝マニュアル」をつくる

創業者のコアコンピタンスを具現化するためには「仕様書＝マニュアル」が必要です。この仕様書は、手順などを記した一般的なマニュアルとは性格が異なります。

社員が増えたり代替わりによって、どのような視点でお客様のニーズをとらえてサービスを提供していくかわからなくなっていくため、柱となるマニュアルが必要なのです。

たとえば、中途採用者は新しい会社に就職しても、前の会社のやり方で仕事をやろうとしがちです。それは新しい会社にとっては不純物のようなもので、不純物が混ざってくるとコアコンピタンスは歪んでいきます。コアコンピタンスに基づく組織の成長を実現するためにも、コアコンピタンスに沿った明確な「仕様書＝マニュアル」が必要なのです。

「企業理念や事業ビジョン、行動指針や価値観を明確にしよう」とはよく言われることですが、そのすべてが入っているものが私が定義している仕様書でありマニュアルなのです。創業者のコアコンピタンスにしっかりと基づいてつくられたマニュアルであれば、それを読むことで理念やビジョン、価値観や行動指針などすべてがわかります。

たとえば、ヒサヤ大黒堂（一六一一年創業）のメイン商品は、いわゆる軟膏です。体のどこの部位にも塗ることができる軟膏もありますが、ヒサヤ大黒堂はそれを「痔」に絞り込んでいます。

ヒサヤ大黒堂の理念は、「日月久星の大宇宙、大自然を象ると共に、日本精神の尊厳を表し、併せて、天地人陰陽、萬物への感謝を示す」という壮大なものです。この、創業者の理念に基づいての会社経営が脈々となされているため、コアコンピタンスから逸れずに四〇〇年以上続いているわけです。理念に基づき、苦しんでいる人を助けたいという、創業者の強い思いが込められている商品だからこそ、現代まで引き継がれているのでしょう。この創業者の理念が、いわば仕様書というわけです。

サービス設計は経営者の最重要任務

経営を永続きさせ、しかも成功させるにはサービス設計は必須です。サービスを設計するステップは次の三つとなります。

1　一点に絞り込み、競合が出てきたらさらに絞り込む
2　常に競合とバッティングしないオンリーワン、ナンバーワンを創造する意思を持ち続ける
3　お客様の声を聞き続け、未来へのヒントを常に発掘する

では順番に見ていきましょう。

1　一点に絞り込み、競合が出てきたらさらに絞り込む

現在は同じようなサービスが多いため、競合が出やすい状況になっています。ですから最初からマーケットやターゲットを一点に絞り、競合が出てきたらさらにフォーカスして小さく絞っていくことが重要です。「そもそもニッチなターゲット狙っているので、これ以上絞ったらお客がいなくなる」と思うかもしれませんが、さらにもう一段階絞りましょう。

たとえば先述したヒサヤ大黒堂のサービス（商品）は「軟膏」ですが、柱の商品を「痔」に絞り込んで四〇〇〇年以上、事業を続けています。同様に浅田飴（一八八七年創業）のサービス（商品）は「飴」ですが、のどの不快を解消する「のど飴」にさらに絞り込んでいます。「何にでも効く」ではなく、お客様のニーズの一点だけに絞って百年企業になっています。

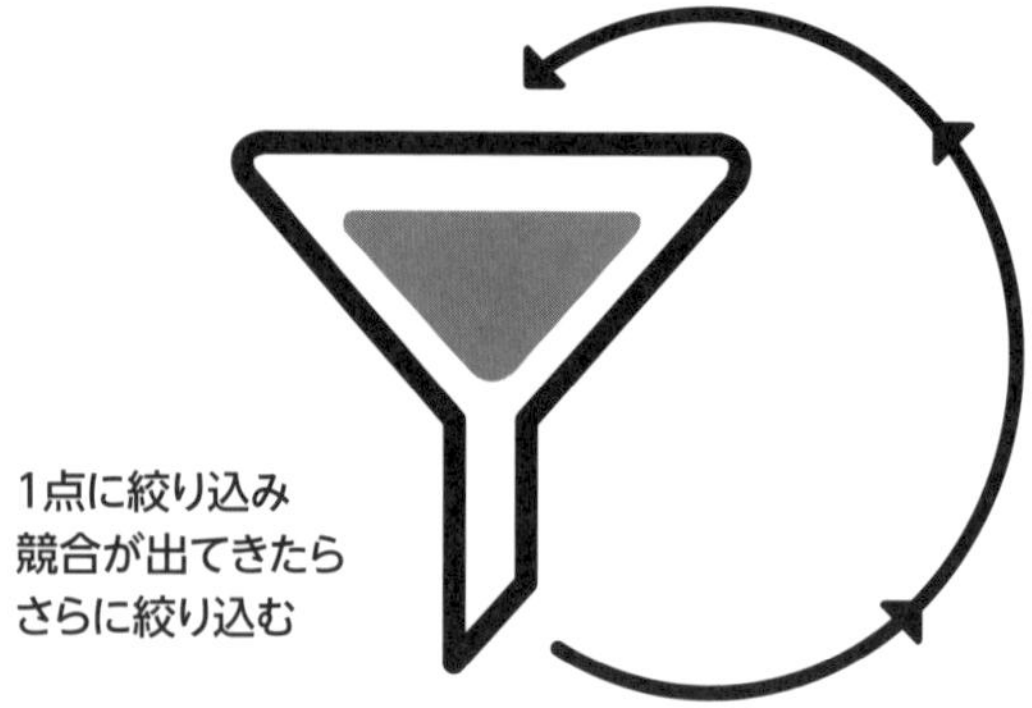
1点に絞り込み
競合が出てきたら
さらに絞り込む

絞り込むことでマーケットを深掘りすることでき、お客様から愛され続けているという好例です。多くの企業はマーケットを広げようとしますが、そうすると企業のアイデンティティが散漫になってしまうため専門性がなくなり、無個性になってしまいがちです。

工事店でも次々に登場する競合他社に負けないように、いろいろなことをやり始める会社が多いですが、結果的に専門性が薄れてこぢんまりした便利屋さんのようになってしまい、競争力を失います。

住宅塗装で言えば、塗装の中にあるさらなるニーズに絞り込むことです。それが出来ずに、「一戸建でもアパートでもマンションでもなんでもやります」という会社が多すぎるため相見積もりになり、価格競争となるわけです。

大切なのは一点に絞って、さらに専門性を尖らせていくことです。事業を広げるのであれば、その前に、尖らせた事業が当たってからでしょう。当たるまでは、創業者のコアコンピタンスに基づいて一点に絞って集中しましょう。そのようにして「オンリーワン」を目指していくわけです。

2　常に競合とバッティングしないオンリーワン、ナンバーワンを創造する意思を持ち続ける

創造する意思を持ち続けられるかどうかは、自社の事業を「使命」と思えるかどうかに大きく左右されます。使命を持ち続けると「売れる・売れない」「儲かる・儲からない」を最優先にはしません。

使命については、エン・ジャパン（二〇〇〇年創業）の創業者・取締役会長、越智通勝氏の、「この仕事は私一人になってもやり続ける」という言葉が強烈に心に残っています。現在2500人ほどいる社員が、まだ1000人くらいのときの言葉ですが、1000人の社員を抱える会社の社長が、「たとえこの仕事が厳しくなっても、私一人でもやり続ける」と言うのです。その理由を尋ねられた越智会長は、「世の中の人にとってこの仕事が必要だから」と答えたそうです。これが使命感ではないでしょうか。

ユーザーは商品やサービスを比較しますから、企業は選ばれようとして価格を下げたりコアコンピタンスと違うことをやり始めたりしがちです。しかし会社を永続きさせるには、安易なニーズに応えての売上重視ではなく「最後までやる」という使命感の方が、はるかに重要です。

先ほどあげたヒサヤ大黒堂は、世界規模で見れば痔の薬の売上ナンバーワンではないかもしれません。しかし事業としては四〇〇年以上続いています。それは「自社の事業は世の中にはなくてはならないサービスを提供している」という使命感を、代々の後継者たちが持ち続けてきた結果なのです。

3　お客様の声を聞き続け、未来のヒントを常に発掘する

お客様の声には事業発展のヒントがたくさんあります。お客様の欲求は確定的ではなく無限ですから、あるサービスを提供しても、さらによいサービスを、と要求され続けます。そして良いサービスを提供しても不満を述べられることもありますが、不満をもらすというのは裏を返せば「この会社ならやってくれるだろう」という期待があるからだともいえるわけです。

そうしたお客様の声に耳を傾け続けることが、次なるニーズを掴む力になると私は考えています。お客様の声に耳を傾け、ニーズを探り当てて次なるサービスに結びつけていかなければならないのです。

ただし**1**でこぢんまりとした便利屋さんの話をしたように、お客様の声やニーズに応えてコアコンピタンスとずれたことをやってしまわないように注意も必要です。

お客様の声を聞き続けた百年企業として私が思い浮かべるのが、日本橋の「にんべん」です。最初に扱っていた商品はかつお節でしたが、出汁がとれないという料理が苦手な主婦の声に応えて出汁を売り始め、さらに手を加えた調理製品の販売など、お客様の声やニーズに寄り添って、かつお節からサービスを派生していきました。

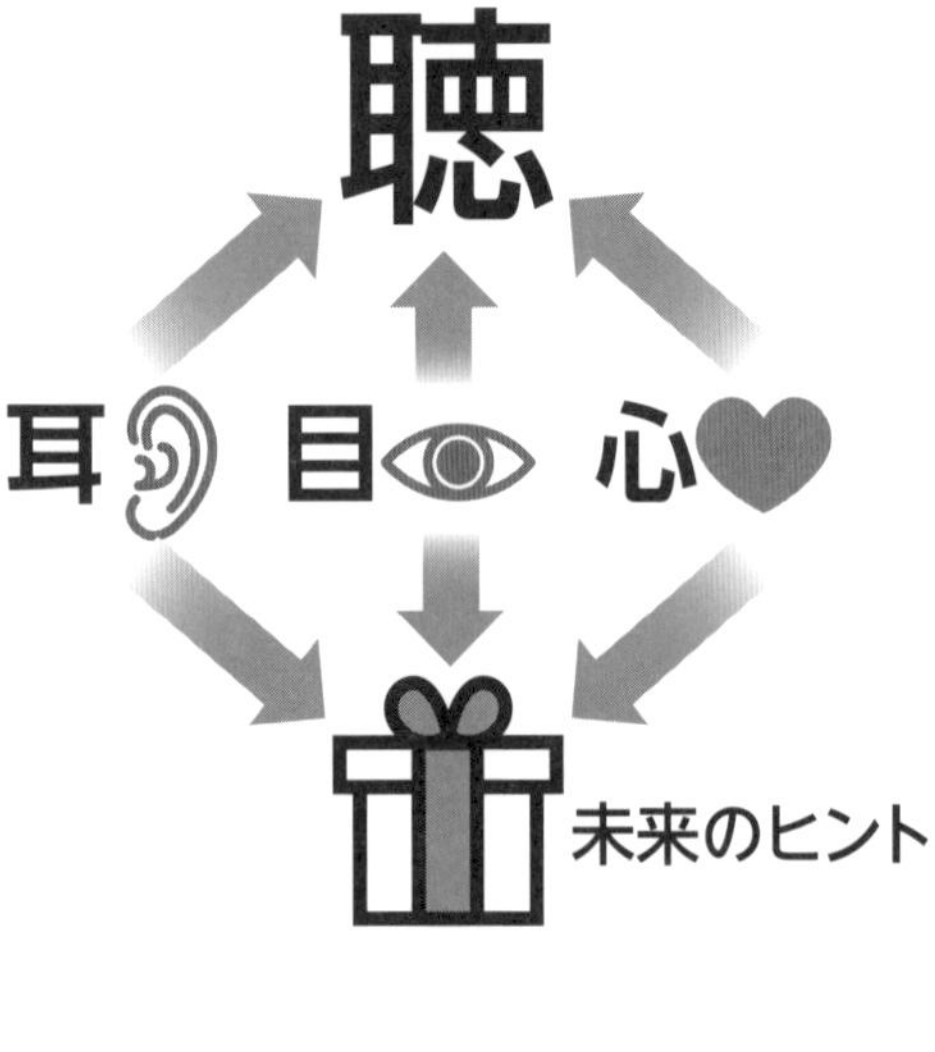

今ではアンテナショップで出汁や削り器などを販売し、ダイレクトにお客様の声を聞く場を設けています。

百年企業を目指していく中小企業の経営者にも必要なことは、お客様の声を聞く姿勢です。そしてお客様の声を聞き始めたら、その耳を閉ざさずにずっと聞き続けなければなりません。一度でもお客様の声に耳を閉ざしてしまうと、それ以降、お客様は意見や要望を言ってくれなくなるからです。そうなると独りよがりのサービスになってしまい、先が見えなくなってしまいます。

常にお客様の声に耳を傾け続けることで、みんなに必要とされる企業やサービスになり、百年企業とつながっていくのです。

自社のサービスを守る五つの防衛戦略

一般的な中小企業には「自社のサービスの防衛をしない」という傾向があります。商品・サービスを提供するのに精一杯で防衛まで手が回らない、つまり「防衛できない」というのが正直なところでしょう。しかし、コアコンピタンスに基づいた自社の大事なサービスは自衛する必要があります。そのための方法は次の五つです。

1　常に隠し味をつくり続ける
2　海外のライバルとの比較の視点をもち、自社の優れた点を発見し続ける
3　戦力を集中する
4　時代の変化に追従していくために、サービスの深化改善を毎月行う
5　強い志を持ち続ける

順番に見ていきましょう。

1　常に隠し味をつくり続ける

「隠し味」をつくり続けることは、百年企業の基本中の基本です。たとえばヒサヤ大黒堂の軟膏の製法は一子相伝で家系内だけで継承されていますし、豊橋の定食屋のレシピも子供にしか教えず、しかも紙にも書かれません。これらは「防衛戦略」の一つでもありますが、それが「隠し味」にもなっているのです。

そもそも、中小企業では隠し味をつくっているのかどうか疑問です。ネット社会ではＴＴＰ（徹底的にパクる）が当たり前ですが、パクられたとしても、他社が真似できないような〝個性〟が隠し味となっていきます。

逆に言えば、コアコンピタンスが追求されておらず、すぐに真似されるようなサービスは防衛する価値がありません。ですから「企業にとって防衛に値するサービス」を生み出すことが重要で、それを防衛できれば永く続く会社も可能でしょう。

塗装工事を例にすると、塗装技術は当たり前ですが、人選びの方法や人材育成法といったことが自社の隠し味になるでしょう。そもそも社員が技術を身につけないと、サービスが提供できなくなるわけです。コアコンピタンスに則った自社のサービスを提供し続けるには、途切れることのない人材育成が重要で、そのための人選びや教育法も、実は隠し味ともなるのです。

2　海外のライバルとの比較の視点をもち、自社の優れた点を発見し続ける

海外の会社は、自社と同じようなサービスを容易に提供してきます。日本国内に目を向けるだけではなく、海外のサービスと自社のサービスを比較してみることも、事

業を永く続けるには大切な視点です。

たとえば日本酒は、海外のアルコール飲料と比較して何が違い、どこが優れているのかということを明確に定義づけしていないように私には感じられます。以前に比べれば海外における日本酒の知名度は上がったとはいえ、違い・優位点が定義されていないため、日本酒はマーケットが広げられずに苦戦しているのではないでしょうか。マーケットが開拓できないため、日本の文化に便乗してマーケットを広げるという方法になってしまうのです。

日本酒は、門前町のまんじゅう店の市場戦略とよく似ていると考えられます。ほとんどのまんじゅう店は日本の文化便乗型で、コアコンピタンスを追求できていませんし、時代の変化にも追従していません。たとえそのまんじゅう店が百年企業だったとしても、近くに大きな寺社があるという〝地の利〟のため、特に何をしなくても参拝客相手の商売が続けられている、というラッキーなケースも多いでしょう。いわゆる「名物」というやつです。あるいは「○○藩主の好物だった」なども、今では通用しないような神がかった伝説に頼る昔のブランディングであり、先が見えています。

一方、コアコンピタンスを追求しているまんじゅう店は、一つヒットした商品があれば、まずはその商品の深掘りをしてオンリーワンを追求します。そのうえで次の手として、その商品のニーズが現状より多くなると判断できるのなら、無理のない大量生産の準備をし、徐々にマーケットを広げていくことを考え、先述した「マニュアル」をつくって先を見据えるわけです。

同時進行で商品開発に励んでレパートリーを増やし、大量生産で生じるロス対策も考えます。たとえば、定価で販売していたものを工場アウトレットで半額にしたり、工場に来てくれたお客様の声に耳を傾け、新たなサービス（まんじゅう）の提供につなげていく、ということを繰り返していきます。

ういろうで有名な名古屋の百年企業「青柳総本家」（一八七九年創業）などは、その好例でしょう。普通の和菓子と違ってあんこではなく米で菓子をつくるという点で、すでに個性がありますが、青柳ういろうは「ういろう」におけるオンリーワンかつナンバーワンです。

「ういろう」という商品に特化し、無理して全国展開を考えず「名古屋」という地域に絞ってオリジナルのマーケットを開拓しました。これは百年企業の正攻法ともいえる戦略で、同じく名古屋にあるオレンジ味やいちご味などの小さな箱入りの10円ガムで有名な「丸川製菓」（一八八八年創業）も同様です。

平成前半に2000億円くらいあったガムのマーケットは、現在900億円ほどまでに縮小しています。にもかかわらず丸川製菓の業績は堅調です。丸川製菓は「子供たちが楽しめるガムをつくりたい」というミッションからスタートしてブレることなく、10円ガムも60種類ほどあります。

丸川製菓は当初、包装紙や箱を外注していましたが、コストがかかるため、自社製に切り替える製造機械を導入して大量生産を可能にし、子供たちに安くガムを提供できるようにしました。業績が向上したためガム以外の洋菓子なども生産していた時期がありますが不調だったため、すぐまたガムに特化したという歴史もあります。

さらには事業歴が長いため、当時子供だった大人も懐かしくて購入するという、まさに子供から大人までマーケットが広がっています。

堅調な百年企業のサービス設計のお手本が、先に紹介した浅田飴、青柳ういろう、そして丸川製菓だと私は考えています。

コアコンピタンスの追求ができていないと大量生産もできませんし、時代の変化に追従していくこともできません。

コアコンピタンスに基づくサービスを設計し、コアコンピタンスに基づくマニュアルを作成して、量産体制を敷きつつロスカットを行い、担い手を育成しながらレパートリーを増やし、ライバルが出てきたらマーケットを絞り込んで専門性を特化させれば、中小企業でも百年企業を目指せるのです。

これは、IT系企業、コンサルティング業でも同様であると私は考えています。

こうしたサービス戦略のすべては真似できないにしても、これからの時代の百年企業の優位点の一つは地域だと私は考えています。地域に密着した守られたマーケットで、可能性を秘めつつまだ開発されていない業種はたくさんあります。そんな企業が百年企業のサービス戦略を学んで事業に臨めば、永く続けられる可能性が高いのです。

同じ百年企業でも、学生服を扱うカンコーやトンボなど、業界のマーケットを寡占している百年企業は参考にできないと思いますが、ここにあげた菓子メーカーの戦略はヒントになるのではないでしょうか。

3　戦力を集中させる

多くの企業は人がいないのではなく、多彩なサービスを提供しすぎています。一つのサービス（商品）に特化するという点も、丸川製菓やヒサヤ大黒堂などに共通しています。つまり、あれこれ手を広げすぎず一点に戦力を注ぎ込んでいます。実はそれで組織づくりもしやすくなるのです。

たとえば、組織がまだしっかり構成されない時期にさまざまなサービスを提供するということは、バラバラのアイデンティティの人を同じ部屋に入れて統率するようなもので、理念や考え方を統一しづらく、まとめるのに労力を要します。こうしたことが、マーケットをさらに広げることができず、結果として中小企業が伸びない一因でもあるのです。

「一本足打法では危険だから多角経営を目指しましょう」というコンサルタントもおり、たしかに一つの事業がダメになってもう一つ事業があれば安心かもしれません。また、それでうまくいけばたしかに倍くらい儲かるかもしれませんが、百年企業はそのようなやり方をしていない会社が多いのです。多角経営をするとしても、必ず自社のコアコンピタンスからの多角経営であり、基幹事業を支える多角経営というのが原理原則です。

そして、事業を広げる分野・時期においては、不敗の地に立てると踏んだタイミングでのみ展開をしているところが多くあります。

一点に絞るのは怖いことかもしれませんが、絞り込んでさらに深掘りしていかなければならないのです。中小企業については、まずは一点集中です。

百年企業も、年商が1億の百年企業、10億の百年企業、100億の企業でそれぞれの戦略が異なります。青柳総本家や浅田飴など年商10億の百年企業は、ことごとく一点に特化した商売で成功しているのです。

丸川製菓や浅田飴はすでにサービス設計が構築されていますし、コアコンピタンスに共鳴する人材の採用ができる形になっています。

年商1億の百年企業は一子相伝型の会社で、経営者である父の真似を子供がやっていく、という繰り返しで戦略までは至っていないところが多いです。サービス設計ができていない会社ですが、それでも続けていくことができているわけです。

今から百年企業になるには、一点集中から、せめてここの段階までを目指す必要があるでしょう。

4　時代の変化に追従していくために、サービスの深化改善を毎月行う

中小企業は、サービスの改善をあまり行わない傾向にあります。塗装業界を見ても、一〇年前と同じサービスを提供している会社が多いです。チラシの内容を変えたりホームページをリニューアルするなどで表現を変えてはいますが、サービスの内容そのものは変わっていません。

お客様の欲求はいろいろあります。「デザインサンプルをもっと提示してもらいたい」「塗装時に付随するサービスをしてほしい」「具体的な保証サービスを提示してほしい」などといったことです。深く考えていけばお客様が気づいていない潜在的なニーズに応えるサービスもあるはずですが、そのことについては考えずに同じサービスをずっと提供しているのです。つまり、自社のサービス改善が行われていないのです。

本気で仕事をしていると、日々、小さな改善点に気づくと思います。毎日の業務に忙殺され、そうした〝気づき〟を流してしまいがちですが、改善していくことで本質的なイノベーションは可能となるのです。一気に大きなイノベーションを起こすのではなく、日々の小さなイノベーションを続けていくことが抜本的なイノベーションにつながり、会社を永続させることにつながるのです。

売上をあげねばならず、日常業務に追われ、改善まで手が回らないかもしれませんが、サービス改善は経営者が意識して音頭をとって推進していく必要があります。サービスを提供しながら新たな改善点はないか、問い続けるのです。そうした意識をもって仕事をしていると、今まで見えていなかったことが見えてくる可能性があります。

それが結果的に、自社のサービスを防衛することになるのです。

5　強い志を持ち続ける

激変する時代のなかで、中小企業の経営者は次なるニーズを見出そうとなかなか出来ません。それで先細りしてしまうのですが、これは経営者の志の高い低いということもかかわっているでしょう。

先述した渋沢栄一氏は非常に多くの事業を興し、約５００社の企業の設立・運営にかかわりました。たとえば明治製糖（一九〇六年株式発足）ですが、砂糖がまだ一般的に流通していない頃、日本国民に栄養を与えることを目的として製糖業を立ち上げました。西洋世界を実際に訪れて見てきた上で、鉄鋼業や繊維業、建設業など日本の将来を睨んでの事業展開を行ったわけです。

いまだに続いている企業の創業メンバーのなかに渋沢栄一氏の名前を見出すことがあります。現在のみずほ銀行、埼玉りそな銀行、東京ガス、清水建設、富士通、川崎重工業、王子ホールディングス、日本製紙など枚挙にいとまがありません。

現代は渋沢氏のような人物は残念ながら少なく「日本国民のため」「国の発展のため」ではなく「自分の生活のため」の事業が多いのが現状でしょう。

昔と比較して、今は物を提供する時代ではなく無形の情報・サービスを提供する時代ですから、永続させるのが難しいのかもしれません。しかし、志を立てて事業を営む経営者があまりにも少ないように思います。

志のことを最近では「パーパス経営」などといいます。カタカナにしたからといって意味が変わるものではありません。多くの経営者が、儲けるためには何をやればいいかという発想で仕事をしますが、先述した越智会長の言葉からは高い志がうかがえ、そのような経営者に人はついていくものです。

中小企業は百年企業の戦略を研究するだけではなく、目に見えない部分の真似もしなければなりません。永く続いた企業の様に、強い志や哲学を持ち続けることができれば、事業を守り続けることができるでしょう。

合理的に考えれば、百年企業を継続させるためには、経営戦略でマーケットを広げ、人材戦略で後継者を育成するというサイクルを続けていけばいいのですから、必ずしも全国展開しなくても事業を長期化することはできます。しかし製品がないとかなりハードルは高いでしょう。さらに、サービスを提供する人間を常に集めて教育し続けることは、潤沢な資金も必要ですし、難しいからです。しかし、提供する商品に〝ものの〟としての形があれば、時代が移ろってもファンができやすいため、百年企業を目指すことが可能です。

具体的に言えば、私は衣食住に関するジャンルの会社は百年企業になる可能性が高いと考えています。極端な話、「衣食住」は縄文時代からある歴史の長いジャンルです。

住宅建築の本質的な部分は大昔からあまり変わっておらず、大工がやる仕事（サービス）は大工という職業の誕生以来、大きくは変わっていません。

これは、大工という職業は、技術や道具は進化したものの、本質は変わらず現代に至ったものといえるからです。

建造物を建てたり補修するというのは「ものづくり」ですから、建築業界で百年企業を目指すことは、本来、十分に可能だと考えます。地域によって建物の特徴の違いはありますがどの地域でも住居は必要ですから、ニーズはあります。

ただ問題なのは購入頻度が低く、単価が高く、土地の手配から建物までの大部分がカスタムオーダーメイドであり、作り手の大工をマネジメントしなければいけないため、円滑な事業運営ができるまで膨大な時間が掛かります。

そのため倒産する工務店が多く、同時に技術の伝承がしづらいという背景がありました。しかしそのように事業の基本構造を押さえた経営を行なっていくことで会社は長期化していくことが可能になります。

ものづくり系の仕事、特に衣食住にかかわる仕事は製品やサービスは永遠に必要とされる分野です。ＩＴ化やＡＩ化が進んだとしても、企業が製品やサービスを提供し続けることができるでしょう。


三章では、百年企業型経営のサービス戦略について見てきました。

当たり前のことですが、競合他社よりも深くお客様の声に耳を傾けながら、常にサービスの改善をしていく。この継続がサービス戦略の肝となります。これは百年企業のほとんどが行っており、中小企業でも真似ができることです。この姿勢がお客様に求められるサービスにつながっていき、結果として永く愛される企業になれるのです。

よいサービスがなければ、マーケティング戦略も空虚なものになってしまいます。逆に言えば、サービスの設計にはマーケティング的な視点も必要といえるでしょう。

ですから、このサービス戦略と次章で述べるマーケティング戦略は、企業が永年の経営をしていくための両輪といえるのです。

第四章

小さな百年企業型のマーケティング戦略

100

MAKE YOUR BUSINESS
KEEP GOING
OVER A CENTURY.

この章では、百年企業に必要な理念型マーケティングについてお伝えします。先に述べたサービス戦略と両輪となる、理念型マーケティングとはどのようなものか。さらに、その中で小さな企業にはどの様なマーケティング戦略が必要かについてお話しします。

理念型マーケティングで最優良顧客を選定する

理念に共鳴したお客様を集めることができるのが、理念型マーケティングです。理念型マーケティングを行うには、自社はどんな人の悩みやニーズに応えるためにどういう思いでサービスを提供しているのか、ということを明確にする必要があります。

お客様になるかどうかわからない大多数の日和見な人々に向けたマーケティングをして、たとえ20人の集客が出来たとしても、契約できるのはよくて3人くらいです。

その上、契約していただいた3人さえも日和見なお客様であることがほとんどです。不特定多数に向けたマーケティングでは、日和見なお客様しか集まらないと理解しておいたほうが無難です。

仮に同じ3人でも、優良なお客様3人と日和見なお客様3人とでは、前者は自社の理念やサービスに共感してくれているわけですから、永くお付き合いしてくれる可能性が高いでしょう。優良なお客様はロイヤリティも高くリピートしてくれやすいですし、新たなお客様の紹介もしてくれます。

しかし日和見なお客様は、サービスを他社と値段のみで比較して値下げ要求をしてくるようなお客様です。そのようなお客様ほど、満足度も低く、またクレームの発生率も高い傾向があります。

昔から「信頼を獲得しなければ商売は成立しない」と言われますが、それができるのが理念型マーケティングなのです。

いまだ多くの企業はいかに売上をあげるかだけを目標にしており、買ってくれる方なら誰でもいいという考えが主流ですが、それはある意味、お客様を軽視しているといえます。日和見なお客様を対象に販売するのが当たり前で、自社の最優良なお客様を見極めるのは二の次、三の次になりがちなのです。

優良なお客様ではなく日和見なお客様だけを相手にしていると、売上は常に乱気流で安定しません。不安定な状況では組織づくりも進まないでしょう。しかし自社が提供しているサービスを愛してくれる最優良なお客様を吟味していけば、必然的に事業が安定していきます。それが次の人材組織戦略にもつながるのです。

ですから会社の未来のためにも、自社の理念の形である商品やサービスに共鳴してくれる優良なお客様を選ぶ理念型マーケティングを目指しましょう。

実力に応じたマーケット選定とマーケティング計画を立てる

多くの中小企業は売上をあげたいため、実力以上のマーケットを選びがちですが、自社の事業の実力や規模に合わせたマーケットを狙いましょう。

二章では等身大経営についてお話ししましたが、自社を理解し等身大の経営ができる経営者は、自社が提供できる範囲に応じたマーケットでシェアを高めていこうとします。ところが自社が見えていない経営者は、いかに売上をあげるかを優先させ、マーケットを絞らず、なるべく多くの人を対象にした経営活動をしてしまうのです。

気持ちはわかります。しかし、グッと堪えて、自社のサービス提供力を冷静に捉え、自社の規模に合わせたマーケティング戦略を立てましょう。その戦略に基づいた商圏設定や広告展開をしないと、ほとんどが無駄打ちとなり、非効率なマーケティングになってしまいます。

百年企業の多くは〝保守的なマーケティング〟を行っているといえるでしょう。積極的でチャレンジングなマーケティングによって、自社のコアコンピタンスが崩れたり壊れたりすることを防いでいるのです。売上は「等身大プラスアルファくらいでよい」という考えで商売をしています。

いわゆる〝守りのマーケティング〟ですが、サービス提供力に見合ったマーケティング戦略をする理由は、自社の組織が崩れてしまうのを防ぐためです。供給可能な量を超えた需要に応えてしまうと、社員に残業を強いたり休みを減らすなど、自社の組織全般にストレスを与えてしまうことになります。社員から「社長は現場を見ていない」「無理な受注をしている」といった声も出てきて、会社そのものが不安定になっていきます。そうならないためにも、サービス提供力に合わせたマーケティングを展開する必要があるのです。守りのマーケティングでお客様をじわじわ増やしていき、組織も少しづつ作っていきます。

突飛なマーケティングなどはあまりしない百年企業でも、七代目、八代目の経営者が急に新しいことをやり始めてバランスを崩し、経営が破綻するというケースもあります。流行りのキャラクターとコラボレーションするために自社のコアコンピタンスとはかけ離れた商売をすることなどがそれにあたります。

その経営者から見れば、「もっと積極的に効率よくやれば売上もあがるし会社も大きくなるのになぜやらないのか」という思いがあるのでしょう。その思いを遂げるためにコンサルタントに依頼し、自社にそぐわぬモチベーションアップの施策や新たなマーケット展開などをしてしまうのです。結果的にそれが自社のサービス提供力を超えてしまうため、一時的には売上が上がっても、その後、積みあげてきたものが崩れてしまうのです。

お客様から信頼されるサービスを提供するためにも、自社のサービス提供力に合わせたマーケティング計画をたてることはとても重要だと認識しましょう。

最も有効なマーケティング戦略に絞り込む

「今は情報化社会だから、他社のようにインスタグラムやツイッターなどのＳＮＳで配信をしたほうがいいのでは？」と暗中模索している中小企業の経営者も多いです。しかし、必ずしもそうした流れに合わせたマーケティングをしなくてもいいのです。繰り返しになりますが、自社の事業に合わせたマーケティング戦略をやりましょう。

エリアマーケティングであれば、デジタルは最低限のコンテンツＳＥＯ型のホームページを制作し、地域にチラシを配り、お客様フォローのＤＭ（ダイレクトメール）を送るなど、アナログ的な手法でお客様が受け入れてくれるような地道でオーガニックグロースなマーケティング戦略に絞るのです。

コンテンツＳＥＯ型のホームページとは、良質なコンテンツを継続的に発信し、良質コンテンツを積み上げることで、検索エンジンからの集客を狙うホームページのことです。

私は、マーケティングはお客様とのコミュニケーションだととらえています。今はほとんどの潜在的なお客様はネットで検索するため、お客様とのコミュニケーション手段としては少なくともホームページは必要です。しかし、あくまでお客様とのコミュニケーションが目標ですから、ホームページも華美に飾り立てる必要はありません。シンプルでいいのです。

ホームページを見に来る潜在的なお客様が知りたいことや、既存のお客様にリピートしてもらうための最低限必要な情報は、経営者ならわかっているはずです。

いや分かっていなければマーケティング活動には取り組めません。全ての接点でのお客様とのコミュニケーションを分析し、それぞれの接点を通して自社に対してお客様は何を求めているのかを掌握することから始めましょう。

ですから「コンサルタントのアドバイスだから」とか「ライバル会社は派手だから」と、他社の真似をしてごちゃごちゃしたホームページにするのではなく、等身大の自社を表現するシンプルなものが良いと私は様々な経験則からも考えております。

ちなみに、百年企業のホームページはことごとくシンプルで、日本人の好みなのかもしれませんが、白、黒、ベーシュ、エンジ色を使っている企業が多いです。年商10億円規模までの百年企業のホームページはシンプルで、見込み客や既存客が求めている情報をシンプルに載せています。中小企業の場合、ホームページはシンプルにして、チラシやDMなど必要に応じた媒体を組み合わせて利用する。古い手法かもしれませんが、この組み合わせが、実は最も集客効率がいいのです。

「集客できないのはホームページや広告戦力が悪いから」と判断する経営者もいますが、具体的には、表現方法が複雑で分かりにくいことが最大の原因であり、次に、その会社の商品やサービスが悪いからという場合がほとんどです。

お客様はバカではありませんから、欲しいサービスはきちんと吟味するわけです。ホームページのデザインが悪い会社だから選ばれないというわけではなく、自社商品が共感されないから選ばれないのに、ホームページを飾り立てたりチラシをおしゃれにすれば集客できると見当違いをしている経営者はとても多いのです。美味しくてシンプルな居酒屋がキャバクラの真似をして失敗する様なものです。

等身大の経営を行うということは、一つの戦略ともなるわけです。飾ったり背伸びをするのではなく、現状ありのままの魅力でマーケットを開拓しましょう。

マーケティングで重要なのは、オンリーワン、ナンバーワンをきちんとありのままに表現することです。地元では名も知られていて手堅く商売をしている会社が、隣の市まで拡げたため、ライバルが多くなって負けてしまうことがあります。新たな地域に広告や宣伝を打っても「そんな小さな会社は知らない」と思われるため、かけた費用は無駄になります。

それなら地元の学区内、町内といったエリア内の小さなマーケットで「○○区内でナンバーワン」というほうが地元客には刺さりやすいでしょう。年商1億円規模までの小さな会社の経営者は、このようなマーケット感をもつことが大事です。

安定後は新しいマーケットの開拓も行う

第一のマーケットで、サービス提供力に合わせたマーケティング計画がうまくいったら、コアコンピタンス、ペルソナを変えないで、マーケットを広げられないかを考えましょう。

今のマーケットに甘んじずに新たなマーケットの開拓を行うわけです。それは隣のマーケットや、同じ商圏内の少しずれたマーケットなど、小さな範囲でかまいません。

エリアマーケティングでは、いかに一単位でうまくいくかを考えることが大切です。一単位とは、商売ごとにおおよそ決まっている1店舗・年商規模でカバーできるマーケットの単位のことを意味します。塗装店でいえば、年商1億円規模までの3万～4万世帯前後の商圏ですが、マーケットを広げようと思えばどうしても店舗を増やさなければなりません。

マーケットの一単位をつくったあとに店舗展開をするか、新しいマーケットを探すかはその会社のコアコンピタンス次第でしょう。

新マーケットへ展開するタイミングは、新人から採用した人材が店舗経営責任者まで育った段階と、ほぼ必ず重なります。マーケットの開拓と組織戦略は、実は密接にリンクしているのですが、いずれにせよオーガニックグロース（自己資本による成長）を大切にし、マーケティング計画を行い事業拡大にチャレンジしましょう。

自社のマーケットを絞り込み、さらに最優良なお客様に絞り込んでストレートなメッセージでのはたらきかけを継続するという〝フォーカスマーケティング〟を、私のクライアントには追求してもらっています。この方法で優良なお客様を増やしていくことが、事業を継続させる中心軸になるからです。

見込みのお客様へのはたらきかけとしては、「○%引き」「○円還元キャンペーン中」

「決算セールス」という文字が踊っている塗装店のチラシよりも、会社の理念や思い、従業員の顔が見えるチラシのほうが断然効果があると信じています。

仕事を依頼しようと思っている見込みのお客様の多くは、価格だけを参考に選ぶかもしれませんが、価格が同じくらいなら経営者や従業員の仕事に対する思いや人となりを重視するお客様も存在します。そのため、塗装店のどのような人がどのような思いでどのようなサービスを提供しているかがわかるようなチラシをつくっているのです。

会社の理念や従業員の顔が見える等身大のチラシを見て興味を示して連絡してくれるお客様は、そのチラシに共感してくれている可能性が高いので、最初から会社や社員との相性がよく、優良なお客様になる高い可能性を秘めています。

最初は「このようなチラシでは仕事がとれるわけがない」と言われていても、一八年もの永いあいだ、配布され続け、お客様を獲得し続けているケースもあります。

優良なお客様を想定してシンプルなチラシを作成し、お客様の言葉や反応をチラシに反映させて改善していくということを繰り返していくことで、本当に強い「お客が必要としているチラシ」ができるのです。

地味といえば地味かもしれませんが、企業を永く続けていくにはこのような地味で地道な努力が必要なのです。

●等身大のチラシ例　その1

これから塗替えをお考えのお母さん・お父さんへ大切なご案内です。

●等身大のチラシ例　その2

第五章

小さな百年企業型の人材採用戦略

100

MAKE YOUR BUSINESS
KEEP GOING
OVER A CENTURY.

経営者の「理念、ビジョン、価値観」マッチング型採用

中小企業には、背伸びをしてよい人材をほしがりすぎるという傾向があります。会社の規模に関係なく、経営者は優秀な人材を採用したいと考えており、大企業が募集しているような有名大学出身者を採用したいという気持ちはよくわかります。

しかしブランド力もビジネスモデルもある大企業は「運営」のための人材採用ですから、中小企業とは採用基準が異なります。たとえば、もうすぐ百年企業となる年商8000億の某上場会社の男性社員には、野球部出身者が大勢います。元気と馬力と協調性のあるチームプレーのスポーツ経験者が自社の運営には適している、と考えているからです。

そのような採用傾向があるため、OB訪問にも体育会系の学生が来ます。必然的に同じようなタイプの社員が採用され、増えていきます。それで会社が

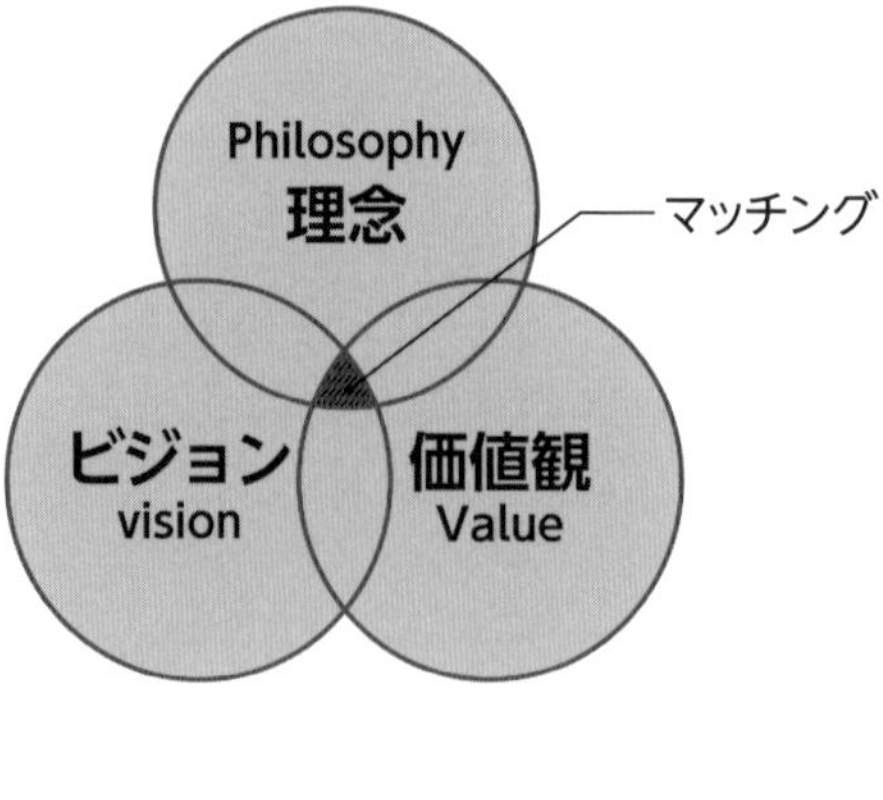

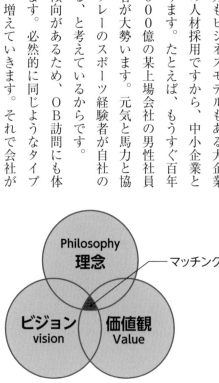

伸びているわけですから、ビジネスモデルと採用スタイルがマッチしているのでしょう。

すでにビジネスモデルが確立され、社員数も多い企業は、学校の成績が優秀で何事もそつなくこなす人材を選べば問題はありません。しかし、中小の場合は能力より何より、経営者との相性がとても大切です。中小企業は、経営者の理念やビジョンにマッチしてお客様に地道にサービスを提供できる人材を採用することが重要となります。

ネットや紙媒体などで理念やビジョンを訴えた求人募集をしつつ、知り合いのツテを探るなど、新旧、ありとあらゆる方法を駆使して経営者の弟子となるような人材を探しましょう。

なかでもいちばん有効なのは、現在自社で働いている社員に、仲の良い「友人・知人」を紹介してもらうという方法です。社員は経営者の理念やビジョンに共鳴して働いているわけですから、その社員が「この人ならこの会社と合いそうだ」という判断ができるはずです。「類は友を呼ぶ」というわけです。実際に経営者とともに働いている社員が推薦する人物は会社に合う可能性が高いでしょう。

むやみな縁故採用は問題ですが、社員が友人を紹介したがる組織づくりをすると採用もうまくいきやすいといわれています。永く続いている工事店も、創業時は経営者の中学時代の同級生といった友人が協力して立ち上げた、という例はよくあります。有名なロックバンドでも、ビートルズやローリングストーンズなど、学生時代の仲間で結成されたバンドはたくさんあります。会社も同じで、気心の知れた仲間が集まれば、経営者の姿勢に共鳴しやすく、組織づくりもしやすくなります。

人材採用と「婚活」はよく似ている

私は、採用活動は「婚活」に近いと考えています。年収や家族構成など結婚相手に対してさまざまな条件をあげていても、結局うまくいくのはなんとなく気の合う人同士、いわゆる「ウマ」が合う二人です。

また、結婚紹介サイトなどに登録したからと言って、いい結婚相手が見つかるわけではないのと同じで、人材募集サイトに登録したからといって、自社にぴったりの人材が採用できるわけでもありません。

経営者の姿勢に合う人材が理想なのですから、「経営者の弟子を採る」という姿勢で、媒体を問わず採用に臨むのがいいでしょう。つまり経営者は、親方や師匠のように何らかの専門性を有しているというセルフイメージをもつ必要があります。そして三章で話したような経営者の理念とコアコンピタンスに則った「マニュアル＝仕様書」を用意しておき、採用した人材の育成に努めていくのです。

百年企業を目指すのであれば、宗教ではありませんが、経営者の理念に〝帰依〟してもらい、経営者のやりたいことをしっかり支えてくれるような人を採用することです。それが「経営者の理念、ビジョン、価値観マッチング型採用」というわけです。

仕事に使命感をもって打ち込んでいる経営者は、毎日の仕事のなかで自然に理念やビジョンを語ります。あえて「語ろう」と思わずとも、リーダーは常にビジョンを語ってみんなを引っ張っていく必要があります。みんなにどんな思いで仕事をしてほしいかを語ると、自然に理念の話になってしまうのです。

自らの使命と役割を信じて仕事に真面目に取り組む経営者には、同じような人たちが集まってくるでしょう。

中小企業に必要なのは素直で真面目な〝のび太くん採用〟

採用に関しては、私は中小・零細企業に奇跡の成長をもたらす人材戦略である〝のび太くん採用〟を提唱しています。前著『奇跡の成長を呼ぶ　のび太くん採用』（サンライズパブリッシング）に詳しく書きましたが、のび太くんとは『ドラえもん』（藤子・F・不二雄原作／小学館）に登場するあの「のび太くん」に象徴される、地味で覚えは悪いけれど素直で我慢強い人のことです。

たいていの企業は「明るく元気な人」「コミュニケーション能力が高い人」「やる気や行動力にあふれた積極的な人」を採用したいと考えています。ところが、そうした条件を有する人は売上規模の小さな中小企業ではなく、大企業に就職してしまいます。

では中小企業で採用するべきのび太くんとはどういうタイプでしょう？

それは「自社でも余裕をもってマネジメントできる人」「どこにも勤めることができないと思われる人」です。具体的にいえば、学力は下から数えたほうが早く、これという特徴のない可もなく不可もないタイプで、それまでの人生で成功体験に乏しく、仕事覚えが極端に悪い、というような人です。

こうした人をわざわざ選んで採用する会社は皆無でしょう。しかしこうした人たちは一度就職したら退職する確率はかなり低いのです。ほかに就職できないから当然でしょう。どこも採ってくれない自分を採用してくれた会社に感謝し、経営者に対しても素直な忠誠心も抱いてくれます。

しかものび太くんは仕事覚えがよくないため、仕事の流れややり方を会社が考え直す必要が出てきます。のび太くんでもスムーズに仕事ができるようにするということは、多くの人が働きやすくなるということにも繋がります。

企業における「指示待ち族」は何かと批判の対象になりますが、これは的確に指示さえすればそれに応えるために頑張って働けるということでもあります。そのためにも、三章でお話ししたように、理念に立脚した「仕様書＝マニュアル」が必要というわけです。仕事覚えが悪いのび太くんたちはマニュアルをしっかり守り、マニュアルから外れたことはやりません。それが結局、会社の成長にもつながります。

さらに言うと、中小企業の経営者は、そのようなのび太くん系人材を採用しながら、のび太くん系人材でも成果を挙げられるようなビジネスモデル設計を行うからこそ、会社を永く継続させていくことができるということを理解しておいていただきたいと思います。

つまり、会社と社員がともに成長していける採用法、それが、のび太くん採用なのです。

ちなみに「本家」ののび太くんには、思いもよらぬ才能がありました。射撃の腕は一流ですし、あやとりの腕前は天才的です。人数が少なく、社員との距離の近い中小企業の経営者は、社員が大勢いる大企業の上下関係よりも各人の個性をつかみやすいのですから、のび太くんの思わぬ長所を見つけ、活かすことも可能かもしれません。

第二新卒、第三新卒を積極的に中途採用する

大企業が採用するような有名大学出身者を採用したい、という中小企業はたくさんあります。しかしそうした人材は、やはり経営の安定している上場会社を選ぶため、そもそも中小企業を選択しませんから、なかなか採用できません。同じ人材の獲得競争をしても中小企業は負けてしまうのですから、大手が受け入れないような「のび太くん」のような他の人材を大事にする必要があります。

他の人材とは、たとえば、新卒者ではなく、一度他社に勤めたものの、さまざまな事情で退職し、次の就職に迷っているような第二新卒、第三新卒と称される人です。大学卒業後、人生の青写真を描いて就職したものの、さまざまな理由で挫折し、自分が何をすればいいのか迷っているような人たち。中小企業こそ、こんな人材を積極的に採用すべきだと私は考えています。挫折を味わったり、つまずいた人たちには「成長する余地」いわゆる「伸びしろ」があるからです。

中小企業には、どの会社にも就職できなかったような人や、勤めたものの長続きしなかった人を採用する覚悟が必要です。そんな人たちは、迷いや挫折による現状の延長線上にある不安定な将来を「安定させよう」「安定させたい」と、必死にあがいています。そうした気持ちを、社員との距離が近い中小企業の経営者がポジティブなエネルギーに転換させてあげればいいのです。

そうした人たちとの面接では、理念を語り「小さい会社なので互いに将来はどうなるかわからない現状だけれど、力を合わせて切り開いていきませんか?」と等身大で自社を説明しましょう。経営者と自社の方向性を理解し、共鳴してくれる人は、挫折経験がばねとなり、生き生きと働く社員になる可能性が高いのです。

会社を本当に永く継続させたいのであれば、自社の理念に共鳴し、「御社でぜひとも働きたいです」と意欲を輝かせてくれる人を採る必要があります。他社が「こんな人を採っても役に立たない」と判断するような人を採用し、その人がうまく会社で働けるような育成法やフレームをつくっていくという発想が、百年企業型経営には必要でしょう。

ただでさえ人の出入りが激しい中小企業は、経営者の年齢とともに事業が先細っていきがちです。ですから中小企業は、大企業が決して採用しない層を狙い、成果を上げていく努力が必要なのです。

「中高年の未経験者」に狙いを定めるのもいいでしょう。仕事覚えは新卒者より劣るかもしれませんが、四〇代の未経験者でも自社で真面目に働いてもらえるように育成していけば、七〇歳まで働いてもらうことも可能です。

結婚同様、会社と社員も好きになった者同士のほうが困難を乗り切ることができますし、永く続くのです。

真面目な社員が真摯にサービスを提供できる組織づくり

のび太くんたちを採用したら、次に必要なのは組織づくりです。中小企業には大企業のような多くの部課のある組織づくりなど必要ないと思うかもしれません。その通りで、小さな組織図がつくれる程度でかまいません。

自社のマーケットを見極め、職長が何人で親方が何人で子方が何人など、市場規模にあった班編成を行います。課長が何人で主任が何人で平社員が何人、という大企業の組織図の小規模版です。

そしてその職階に合わせたマニュアルを作成します。業務のマニュアルができれば、のび太くんたちも安心して仕事に励めますし、達成の度合いもわかり、評価設定もできるようになります。人材を採用してからここまでが経営者の仕事です。組織づくりが円滑にできてこそ、会社としてのサービスをスムーズにお客様に提供できるようになるわけです。

経営者の理念に基づいたサービスを真面目な社員が真摯に提供し続けていけば、企業は永く続いていきます。それが百年企業型経営の基本的なしくみといえるでしょう。

二章で経営者のあり方について解説しましたが、そうした経営者の理念に共鳴し、真面目に働いてくれる人材を採用し、育成することが経営者の役割ですし、百年企業の条件ともなります。

本章で婚活の話を例にしましたが、気が合った二人、波長の合った二人が結婚して家庭を築きます。母親が家庭を切り盛りする経営者で、父親は現場を仕切る職長です。背伸びをしたり見栄を張らない暮らしをして家計を赤字にせず、子供を育てて家庭を繁栄させていく。家庭の生産物である子供を育て、社会に必要とされるような人間にするため、ロスやリスクをいかに回避していくかが家庭の経営です。そう、家庭も会社もやることは同じなのです。

売上をあげたいというのが目標でもいいでしょう。しかしそのためには、経営者に共鳴し、自社のサービスをお客様にちゃんと提供できる真面目な人を選んで採用する必要があります。

採用した社員は我が子も同然ですから、しっかり育てて立派に大きくしていくのが、親である経営者の役割なのです。

第六章

百年企業の経営計画

MAKE YOUR BUSINESS
KEEP GOING
OVER A CENTURY.

この章では百年企業に必要な、資金・後継者選びも含めた経営計画の立て方についてお伝えします。一〇〇年を一世代で続けることは不可能です。あなたの事業においてどの様な経営計画を建てて、どの様な資金戦略や、後継者育成をするのかを明確にします。

創業当初からゴール（百年企業）を決めておく

現在、新たに会社を興そうという起業家のほとんどが「ゴール」を決めないまま起業する傾向にあります。決めていたとしても何年後に事業をバイアウトして資産を数億円つくってセミリタイアする、といったような漠然としたゴールです。日本でここ数十年の間に植え付けられた仕事＝悪、労働＝悪という労働観のため、「早くたくさん稼いでセミリタイアする」という考えになるのでしょう。

以前のように地道にコツコツ働いて百年企業を目指すという、私のような考えは古いのでしょうか？　ここで再びエン・ジャパンの越智会長に登場していただきます。越智会長は、江戸時代の思想家・石田梅岩を例に引いて商売感について語っています。

江戸時代、商売人を目指す子供たちは商家に住み込みで働いていました。数年間の丁稚奉公の後、さらに数年間、無給で働く「御恩奉公」をして初めて一人前とされていました。それと同じで、エン・ジャパンに入社した社員も三年間は赤字の存在だということを理解して、その期間はしっかり仕事を覚えることが会社に貢献することだ、という話をしているそうです。

さらに、たとえば新入社員の元サッカー部員に、「きみたちは試合のときだけサッカーしていた？　それとも試合以外でも練習していた？」と尋ねます。当然、答えは「試合以外も練習していました」です。すると越智会長は、「仕事も、出勤するということは試合の日だから、出勤しない日は練習しよう。土日も遊ぶのではなく、仕事のためになるようなことをやろう」と言います。体育会系出身者なら誰でも納得するたとえ話でしょう。

また、越智会長は、多くのビジネスパーソンがあこがれるクリエイティブワークについても言及します。「スタンダードワークのあとにあるハードワークをクリアしたものがクリエイティブワークだとエン・ジャパンは定義する。仕事を追求した先にしかクリエイティブワークはないと思って仕事に取り組んでほしい」というわけです。

たとえば、多くの一流スポーツ選手もクリエイティブワーカーといえますが、彼らはそこに至るまでにかなりハードな練習をするのです。クリエイティブワークとは、日々の通常業務、過酷な仕事の積み重ねの先にあるというわけです。

経営者がこのように自分の理念や価値観を新入社員に最初に語ることで、明確になったゴールに向かって社員たちも邁進できるようになります。

オーガニックグロースな売上計画を立てよう

自社の実力は、毎年の年間計画シートや実績表、月次売上表などを作成していかないとわかりません。まずはそれをきちんと作りましょう。そして、それらの数字に裏打ちされた自社の実力をベースに、短期的な売上計画ではなく、現状の実力に合わせた売上計画を立てましょう。無理をしない経営が百年企業の道を拓きます。

たとえば「今期決算では売上が８０００万円だったから次は1億を目指す」と、理由もなく数字を積み上げた様な目標は、パフォーマンスを高める手段にすぎません。会社の実力を無視した、自社が到底実現できないような売上目標は無謀な計画といわざるを得ません。

受注額の売上に関してはマーケティング計画や市場の趨勢を見て目標を立てますが、工事を完工する完工額の売上においては、必ず人員計画も合わせて考えなければなりません。退社する社員もいるでしょうし、店舗を二つに分けて売上をあげようとする場合など、人員不足や欠員はどうしても発生してしまいます。それらを想定して今年の採用数を決めるなど、冷静に考えなければなりません。

もちろん売上はあげたいですが、去年何人も退社が発生したのであれば、新人を採用して新たに組織をつくり直すことを含め、計画を立て直す必要があります。

自社のマーケティング力と組織力に合わせたナチュラルでオーガニックな成長計画こそ、百年企業にふさわしい計画なのです。自社が保有する内部資産（ノウハウ・人材・資金・システム・あらゆる資産等）で成長していくオーガニック・グロースを目指しましょう。

自社にとって適正な目標を立ててクリアできれば、みんな気持ちがいいですし、モチベーションも上がります。しかし、無茶な目標を立ててそれに無理やり進んでしまうと問題は起こり続けます。そんな会社の経営者は「自分にマネジメント力がないから問題が起きる」と言いますが、問題が起きる原因の一つは経営者が見栄を張って無茶な売上計画を立てるからです。数字をもとに自社の実力を把握し、身の丈に合わせた売上計画を立てましょう。

なんとなく勢いがいいからといって、「去年の売上の2倍」という目標を立てるのはやめてください。2倍の売上であれば、本当に2倍にできるのかをしっかり考え、ちょっと頑張れば達成できそうならやればいいですし、会社にかなり無理を強いるようであれば実力に合わせた目標に、勇気をもって変更しましょう。

去年よりプラス20パーセントの目標を目指すという場合、経営者だけでは達成できない部分を担当者に任せる必要があります。補佐が必要なわけですが、その体制で担当者も頑張れるかどうかまで考えて目標を立てましょう。

目標は立てるものの、毎年達成できずに毎年「未達」で、「自分には目標達成能力がない」と意気消沈している経営者もいます。しかし、それはそもそも目標設定そのものが間違っているのです。自社のマーケティング力が安定していないから、適切な売上目標を立てることができないのです。いつお客様が切れるかわからないという不安に駆られ、目先の売上ばかりに集中し、来年、再来年など未来を見据えた長期的な計画を立てられないのです。

どれだけの売上をつくっていけるか、自社の実力を正確に把握し、実力に合わせた売上目標を立てることで百年企業を目指すことができるのです。くれぐれも、売上目標で無理をしすぎないでください。

純資産は年商の50パーセント以上を目標にする

百年企業の共通点の一つが、純資産が多いという点です。純資産とは、誰かに返済する義務のない企業の資産のことで、主な勘定科目では資本金、資本剰余金、利益剰余金、自己株式、評価・換算差額等、新株予約権などを含みます。純資産が多いと言っても、これは自然に貯まったというより、日ごろからの健全堅実経営と、長期的視点に立って計画的に貯めていることが要因となります。

私は、中小企業は年商の50パーセント以上の純資産（利益剰余金）を蓄えることを第一目標としようとアドバイスしていますが、この数字には根拠があります。

純資産とは利益剰余金、いわゆる「内部留保」と呼ばれるお金です。不況などで仕事がプツンと全く途切れても、年商の50パーセント以上の内部留保があれば、おおよそ半年間から一年間の人件費を確保することとなり、万一の時でも社員を養い続け、不況を乗り越えていくことができるからです。最近のコロナ禍のように仕事が五割減になった会社もありましたが、純資産が年商の50パーセントあれば仕事が2割減、3割減となっても、おおよそ一年間は耐えることができます。

今回のコロナ禍では、純資産を蓄えていた会社が少なかったため、国が莫大な融資を行ったわけです。しかしそれを返せない会社も多いため、二〇二四年現在では倒産予備軍企業がたくさんある状態になってしまっています。

百年企業の事業が続く理由の一つは、時代の変化を乗り越えながらも、自社の人材を雇用し続けているからです。雇用するためにはお金が必要です。いつの時代も人件費は経営する上で必要な経費の大きな割合を占めています。

時代の変化で売上が急激に下がって赤字になる可能性もありますから、そんな緊急事態を耐え抜くためにも純資産は必要なのです。年商50パーセント以上もの純資産をどうやって貯めるのか。利益の3割は法人税ですから、残りの七割を貯金するしかありません。

税理士からは節税のために経費を増やしたり退職金を積み立てるといったアドバイスがあるかもしれませんが、退職金の積み立ては三〇年間は手をつけられないことになります。これは帳簿上では簿外資産に計上されている固定資産ですから、すぐに現金化できるものではありません。それでコロナ禍などで売上が立たない状況になると、銀行から借り入れをせざるを得なくなる。これでは結局積み立てた意味がありません。退職金を積み立てたせいで借り入れをするという話は、どう考えても理不尽です。退職金を積み立てて借り入れをして利息を払うのであれば、はじめから社内留保にしておけばいいのです。そのほうが「万が一」への備えとなります。

健全経営を目指して経営管理をしっかりやる。これを繰り返すことでしか利益剰余金である純資産を残すことはできないのです。

不動産などを購入せずにひたすら現金を増やす

一章で紹介した、ブルドックソースに吸収されたイカリソースを思い出してください。ブルドックソースより一〇年前に創業し、関西一のソース工場を有していたイカリソース、その一人当たりの生産性は、ブルドックソースより約2倍高かったのです。しかしバブル期に不動産や産業廃棄物処理への投資などでお金を使い、バブルがはじけて廃業してしまいます。それを買い取ったのがブルドックソースでした。ブルドックソースは現在でもソースメーカーではトップの純資産があります。

ブルドックソースのホームページを見れば、経営者をはじめ本当に真面目な百年企業だということがわかります。たとえライバルより利益が少なかったとしても、真面目にコツコツ事業をしていった結果、現在があるのです。その経営姿勢は、私たち中小企業こそが学ぶべき点ではないでしょうか。

お金が貯まると、銀行のすすめなどで土地や自社ビルを購入してしまう経営者も多いです。一方で自社ビルは絶対にもたないという、賢明な経営者もいます。好況時はいいですが、不況になると不動産への出費や借り入れの返済費用が会社の首を絞めるからです。

イカリソースの例では、ソース製造過程で必ず出る産業廃棄物関連への投資というので、わからなくはありませんが、コアコンピタンスとは異なると考えます。

業績がいいと多角経営したくなる経営者も多く、つい他分野に手を出したくなりますし、そうした話にうかうかと乗ってしまいがちなのです。

そのようなことからも、私は中小企業の多角経営には絶対反対です。中小企業は自社の強み、その一点のみを追求し続ける経営が重要であると考えているからです。

上場企業の多角経営は、必ずと言っていいほどコアコンピタンスから派生する事業に取り組んでいます。あるいは、同社のお客様に対して従来より少しずらしたサービスの提供をしています。先に述べた建装工業株式会社の、新築塗装から維持修繕塗装へのサービス拡大が良い例かと思います。

リスクヘッジするなら、事業の多角化によるものではなく、金銭によるリスクヘッジが中小企業の経営者にとっていちばん安心できる方法です。経営者が安心してコアな事業に取り組める環境にするには、やはりお金（純資産）があったほうがいいのです。それが自信につながり、事業を伸ばしたり不況を乗り越えることにつながるのです。

経営者はできる限り売上をあげて利益を残そうと思って事業を行いますが、純資産がたくさんなければ会社を永く続けられません。ですから「お金をしっかり貯めて、社員のみんなを安定的に永く雇用できる会社をつくりたい」という考えを共有しておくことが大事です。そうしないと、社員は「社長ばかりお金を貯めて」「内部留保が増えるばかりで給料は増えない」という不満を抱えるようになるからです。

しかし高額の給料をもらっても会社がつぶれてしまっては元も子もありません。そこを理解してもらうためにも、常日頃から、百年企業型経営の考え方を社員と共有しておくことが大切なのです。

純資産を貯めつつ志を共有して百年企業を目指す

「社員みんなを雇い続けるために年商の50パーセント以上の純資産を貯める」という目標が共有され、納得されると、利益を残す方向にみんなの足踏みがそろいます。友人同士でも社内でもお金の話を避けがちですが、精神性が高ければお金の話も普通にすることができます。信頼で結ばれている経営者と社員のあいだでは、お金の話をいやがりません。

「売上が増えたから給料も上げる」というマネーモチベーションも一時的な効果はあるかもしれません。しかし、それは長くは続かないでしょう。給料を上げ続けることは、特に中小企業では難しいです。それよりも、社員は自分たちの将来まで考えてくれているちゃんとした会社で働いている、ということに誇りを持てます。

この過程、お金を貯めるまでのプロセスで、経営者は精神性を磨いていくことになります。一般的に話しづらいお金の話を社員と向き合ってきちんとする。ここで、まず精神性が磨かれます。社員は経営者の精神性に沿っていくわけですから、先に経営者が精神性を磨き、高め、社員に沿われるだけの精神的な高みを作っておく必要があります。こうしてお互いに精神性を高めつつ、経営者と社員で永く続く百年企業型の経営を目指すようにしていきましょう。

純資産が多い会社は永続するというのは、自明の理です。百年企業の純資産はほぼ例外なく莫大ですが、永く続いたから純資産を貯められたわけですし、純資産が多いから永く続けられたという、鶏と卵、両面があるのです。純資産を多く持つ会社は、余裕をもって事業継承もできるのです。

中小企業の経営者は単に「この仕事で儲けよう」という考えだけではなく、マーケティング戦略もサービス戦略も人材採用組織戦略も行う必要があります。仕事のためにこれらすべてをやっていきたいという意欲や情熱、志がなければ経営者は務まりませんし、百年企業も目指せません。

「私にはとてもそんなことはできない」という経営者も、もちろんいるでしょう。百年企業は創業者が「神様」のような存在となっていたり、「中興《ちゅうこう》の祖《そ》」のような存在の人もいます。それならば、自分の代から百年企業型経営を志せばよいのです。あなたがスタート地点、あなたが中興の祖になるということです。

あなたが立てた志が子孫に受け継がれるように人生を通して行動すれば、理念も志もつながっていき、会社は百年企業へと成長していくのです。

後継者育成を計画する――経営者は四〇代で後継者に任せ、任せてから育てる

百年企業の政治版ともいえる「長期政権」といえば、二六五年間続いた江戸時代でしょう。徳川家の将軍は一五人で、長短ありますが単純に割り算すると一代が一七、八年。この様に短期で代替わりをしたため、長期政権を維持できたとも言えます。百年企業もだいたい二〇年くらいで代替わりしています。

長続きしている中小企業では、経営者の一五〜二〇歳下の人が後継者として育てら

れています。つまり、経営者が四〇歳なら後継者は二〇～二五歳ということです。創業者が四〇代のときには次の経営者に任せられるようにし、任せてから育てるという方法です。

後継者は次の三つの分野で育成します。

一つ目がマーケティング戦略とサービス戦略を中心とした事業を通して稼ぐことについてです。

二つ目は計数管理や人的管理といったマネジメント領域です。いかに人を活かすか、ということについてです。

三つ目は新規事業開発です。これからの時代は変化が早いです。受け継いだ事業をそのまま繰り返し実践をしているだけでは、いずれ業績は低迷してしまいます。しかし、「いきなり新しいことをやってくれ」ということではなく、既存の商売に対して、なんらか新しさを付加して、新たな売上・販路をつくることをここでは指しています。

経営者になってからしか、この三つについての本当の学びは得られません。そのため、早めに事業を譲り、任せながら自分は後継者を補佐しながら、さらに事業と後継者を育てていくわけです。

譲り方としては、先代があらかじめ事業継承の日を決めて、「〇年×月に後継者に譲る」と告知しておきます。告知しないと経営者本人も「いつかは譲らないといけないけど折を見て……」という漠然とした気持ちになってしまいますから、予めゴールを決めておくわけです。そしてその日を境に会長として社長を育てていくのです。

育て方としては、まず、経営会議を実施すること。その上で、先にも述べました「業務マニュアル」の整備をしておくことが最低限の必須条件と考えます。そのことにより、新社長が成長していくあいだでも業務が回るようにするのです。そして会長は、後継者がまだ習得していない部分や、自社の弱みとなっている部分を全力でフォローします。社員教育が弱ければ社員教育を、お客様フォローに抜かりがあるならお客様フォローに尽力するわけです。

つまり先代は、後継者に補助輪をつけて走らせながら、自分の社長時代にできなかった仕事を会長になってからやるということです。事業を任された新社長はコア事業に集中し、会長がそれ以外の弱みを補強することで、代替わりを繰り返す度に会社は強くなります。代々それを繰り返すことで、百年企業は強くなり続いていくのです。

たとえば、会長になったら自身の役員報酬も下げ、あくまで新社長が主役だということを周知させるなど、こまかなこともあらかじめ決めておきましょう。任せて育てる、とは覚悟と準備がいることなのです。

しかし、現実的には後継者が居なかったり、適性が明らかに低い等という問題も当然あります。その様な場合は、次項で説明する諸葛孔明の指導法を活用しましょう。

諸葛孔明の人物鑑定法で日頃から後継者候補を指導しよう

次期後継者候補をどうやって選ぶかについてですが、中小企業の場合には、社長のご子息、もしくは、自社で育てた幹部社員から選ぶこととなるでしょう。選ぶ際の尺度として、諸葛孔明の七つの人物鑑定法が非常に参考になりますので、紹介しておきましょう。

1　事の是非を判断させて志を見る

「これから事業をこうしたいんだけど、どう思う?」と相談してみて、どんな判断をするか方向性や志を確かめます。それ以前に「方向性・コアコンピタンスの確認」は、しつこいほど繰り返し、お互いに心の底から合意し、それでも忘れることがありますのでさらに繰り返し確認して刷り込み、後継者候補もその考えになっておいてもらいましょう。

2　言論で追い詰めて相手の態度の変化を見る

問題を追求していったときに、相手がどんな態度をとるか見ます。聞く耳をもたず邪険な態度をするようでは、まだ後継者としてはふさわしくありません。仕事に対して、人間として、正しい自信を持たせるように日頃から指導をいたしましょう。

3　相手の計画を聞いて学問や知識を見る

「今月はどうするつもり?」「今年はどんな計画?」「三年先まで考えてる?」というような短期から長期にわたって様々な質問をします。その答えによって後継者の問題意識や将来への展望に対して常に刺激を与え、考えさせることによって育てていきましょう。

4　わざと困難を与えて臨機応変な対応力や勇気を見る

困難な状況を故意に与えて、後継者の失敗に対する打たれ強さを育てて下さい。困難を乗り切れられないと、経営はできません。楽な状況からスタートすると失敗したときに打たれ弱くなります。

たとえば、ある会社では、借入金が1億円ある事業を父である社長が息子に譲りました。社長を退いてからもときには息子とけんかしながらも会社を経営し、借り入れ金をなんとか返し終えてすぐに父親が亡くなりました。没後にわかったのですが、父である前社長は子供に内緒の口座をもっていて、子供たちそれぞれの名義で合計1億円ほど貯金してあったそうです。「その貯金のことを知っていたら借入金返済のための努力や工夫をしなかったかもしれない」と、後継者である二代目社長は父親に感謝をしながら今も経営を続けています。

「困難を科すと可哀想だから楽をさせてあげたい」という親心はわかりますが、社長に楽をさせてはいけません。

5　酒に酔わせてその本性を見る

酔って言ったことは本音だと言われますが、酔うと気が緩みその人の本性が出てくるのでしょう。今では、酔わせるために飲ませるような飲酒の強要はハラスメント行為ですからそこまではしませんが、本音を引き出すためには、あえてお酒の力を借りて本性を見る方法もあります。

6　ちょっとした金品を与えてその清廉さを見る

まず、社長職を譲る前に、一部門を任せてみます。そして一定額の予算を与え、どのような振る舞いをするかを観察します。

一般企業では、一部門を任せるというのは成長のプロセスの中でごく当たり前のようでもありますが、中小企業では、多くの会社で事業全体を譲る時まで、後継者に事業を任せないことも多く見受けられるため、後継者として事業を譲る前にまずは、一部門を任せ、予算を与えて、その使い方を見ていきましょう。

その部門の予算活用や成果など、きちんと報告させ、その成果を判断し助言を与えましょう。

7　仕事をやらせてみて、指示どおりにやるか信頼に値するかを見る

仕事を任せてみて、指示通りにきちんとこなすのか、それとも言ったことを守らずに自己流でやるのかを見てみます。

ある程度経験を積み、仕事の本質を理解した上で、自分のやり方で行うのであればいいですが、仕事の本質が見えていないうちに、自分のやり方を通そうとするなら、まだまだでしょう。

本質が見えているかどうかは、本人では判断がつかないこともあります。サポート役として冷静に判断し、後継者が受け入れられる様に伝える点にも留意して行いましょう。

以上が諸葛孔明の人物鑑定法で、軍師が次に仕える将軍を選ぶときの視点といわれています。次の経営者を選び、任せる時の参考にしてみてください。

後継者を選び育てるにはこれくらい厳しい眼を持たなければいけません。

一〇〇年続く会社は1％以下と言われる、狭く厳しい関門です。

素晴らしいビジネスモデルを構築し、お客様からの信頼を獲得し、組織を構築して

も、後継者で失敗したら、長年の苦労と情熱も、その時点で終わりとなります。

一社員のときは真面目で大人しかった人が、後継者に指名されたとたんに「俺の会社だ」とわがままな振る舞いをすることなどはよくあることです。それで会長といさかいとなって会社が傾いていくこともあるのです。社名こそ出しませんが、後継者を誤ったために永年続いていた会社が経営破綻に追い込まれる、という例を報道などであなたも見たことがあるのではないでしょうか。

業界トップのコンサルを受けよう

ゴールを見据えた売上計画を立て、純資産50％を目標と設定し、早期から後継者を育成する。百年企業を目指す上ではどれも必要な経営活動です。しかし、全ての知識を初めから持っている経営者はほとんどいません。その知識を現場で得る一つの手段がコンサルタントへの依頼です。

もし、依頼を考えるのであれば、「業界トップ」のコンサルタントに頼みましょう。トップコンサルタントは、成功例はもちろん、それ以上の失敗事例を誰よりも多く知っているため、問題解決手法の引き出しが多いからです。

経営には自社の経験だけでは解決できないことも多々ありますから、さまざまな会社の例を知っているトップコンサルタントの知見を参考にすることで会社を成長させることができ、事業を永く伸ばし続ける力となります。

そして、経営コンサルは特に業界トップが望ましい理由は、その業界の経営に熟知し、時代の変化を見る眼を持っているからです。

業界トップコンサルを見極めるポイントは四つあります。

1　業界・業種のノウハウが体系化されているか

ノウハウが目で見てわかる形に「見える化」され、体系化されているコンサルタントはトップ層だと判断できます。ノウハウが体系化されておらず、自分の経験談だけを語るコンサルタントのアドバイスは汎用性がなく、あなたの事業に活用できない場合が多いのでやめたほうがいいでしょう。

2　成功している企業を紹介してもらえるか

成功しているクライアントは目立ちたくないため、他社との交流に積極的ではありません。コンサルタントが仲立ちとなってそういう経営者を紹介してくれるということは、クライアントとコンサルタントとの間に強い信頼関係があるということ、つまり、成果が担保されているということでもあるからです。

3　ノウハウに基づいたサービスを有しているか

ノウハウを形にして誰でも使えるように自分の「サービス」を形にしているコンサルタントは信頼できます。自画自賛めいて恐縮ですが、私の場合は専門の工事店や工務店に向けた「繁盛親方」というサービスと、塗装工事店に特化したフランチャイズシステムを開発しました。

ノウハウを体系化してサービスの形にできるということは、繰り返しになりますが、その業界の経営を熟知し、汎用性がある、すなわちあなたの事業運営に効果がある根拠になります。

4　ノウハウの開発責任者がいるか

汎用性の高いフレームワークを持っていても、それを時代に合わせて改善する責任者がいなければ、いずれは使えなくなってしまいます。

「あのときはあの方法でうまくいったけど、時代が変わったら使えなくなった」のは、ノウハウの開発責任者がいないからです。ノウハウの開発責任者がいれば、時代に合わせてノウハウは常にアップデートされるはずです。開発責任者がいれば常にPDCAがまわり、ノウハウは改善できているはずですから、自社の業績にも貢献できるコンサルタントといえるでしょう。

つまり、このノウハウは〇〇〇〇が開発している、と言い切れる状態であるかどうかということです。経営コンサルティングサービスは、一般商品と違い誰でも開発できるようなサービスではないため、開発責任者である経営コンサルタントが存在することが、成果の根拠とも言えるのではないでしょうか。

以上の四つがトップコンサルタントを見分けるヒントですが、四つ全部でなくても二つ以上該当するなら優秀なコンサルタントといえるでしょう。

もちろんコンサルタントとしての経験も必要ですが、いかに法則化し、それを体系化し、汎用化できているかが肝心なのです。それをマニュアル化してサービスとして提供できているコンサルタントを見つけましょう。

売上と顧客満足の天秤では必ず顧客満足をとろう

人材ビジネスで百年企業になれるかどうかはわかりませんが、多くの会社を見ているエン・ジャパンの越智会長は、経営について本質的な見方をされています。ご本人いわく、自社は非常に非効率なことをやっているというのです。売上だけをあげようと思えば2倍から3倍にはできるけれど、顧客満足度を追求していくとそうはいかない部分があるといわれています。お客様の満足度を追及するという点こそ、商売で最も大事なところとのことです。

今は「売上アップこそ正義」という軸が立ちやすい時代です。しかしお客様の満足度を軸としなければ百年企業を目指すことはできません。

現代の百年企業は、明治、大正、昭和、平成、令和と時代を貫いて生き続けています。その間、戦争、震災、戦後のGHQからの解体命令や商号・商標の変更命令などがあったにもかかわらず、それでも脈々と続いているのは、ひとえにお客様に支えられ続けてきたからです。百年企業が教えてくれているのは、売上よりもお客様の満足に軸足を置くことの大切さなのです。直近ではコロナ禍がありました。今後も何が起こるかわかりませんが、戦争や災害に見舞われても続いている百年企業が日本にはたくさんあるのです。つまり、あなたの会社も危機に直面しても生き残っていく可能性があるということを、百年企業があなたに示してくれているといえるのです。

ここまで見てきたように、本質に忠実な経営を行っている企業が永続きするのです。創業者の理念に立脚して社員を育て続け、お客様の幸福を追求していけば災害も、戦乱をも乗り越えていく力がつくのです。

百年企業型経営の事業展開は非常に慎重です。売上があがったから店舗展開をするという企業は多いですが、百年企業はそうではありません。売上をあげることが目的ではなく、コアコンピタンスに沿った事業を続けお客様に価値を提供し続けることが目的だからです。百年企業のサービスではなくてはならないと言い切れるほどの領域までありゆる領域でＰＤＣＡが徹底して回されており、その結果、会社は続き、会社を続けていくことの結果として売上が立つわけです。

時代の変化による市況の変化で、売上はマイナスになる可能性があります。そんなとき、多店舗展開している会社は負うリスクが大きすぎます。どんなリスクも最小限にする経営が百年企業型経営なのです。

たとえば県外の出店を控えている百年企業の塗装工務店は、売上をあげることよりも「守る」ことに重きを置いています。県内では通用したブランドが県外では通用せず、ビジターで戦うことになります。県外で一店舗出すにしても、ブランドが認知されるまでの何十年間は利益が少ない経営になるかもしれませんし、マネジメントコストがかかるため極めて慎重になるわけです。

また、百年企業の創業者の思いは、お金と時間の制約を受けません。創業者は、「人々のこの悩みをなんとか解決したいからこのサービスをやっていきたい」と願い、その点において「いくら儲けよう」とか「いつまでにこれをやっていつまでに世界展開をしよう」などは考えません。つまり、その思いはお金と時間の制約を受けていないわけです。この領域に入っているからこそ、必然的に無理をしない石橋を叩いて渡る経営になるわけです。

目標が「すべての人の悩みを解決したい」なので、売上を優先する自己中心的な目標は優先せず、そのために無理や無茶もせず着々と仕事を続け、その結果が百年企業となったわけです。そのすべての原点は創業者の思いからスタートしたのです。

今までお話ししてきた百年企業型経営の大切な項目をわかりやすくまとめましたので、備忘録的に活用ください。

時代の 追い風利用	新しい市場 の開拓	海外の 競合対策
大量生産 シリーズ展開	顧客との 接点を持つ	顧客ニーズ に継続追従

マスター マインド	人生を守る キャリアプラン	社員教育は 人生哲学
再利用 ロス対策	生産性 向上投資	無私 大欲
慢心を 警戒	流行に 乗らない	打ち手の 優先順位決め

100年企業型の経営戦略【図解】

慎重な
出店戦略
ブラン
ディング
③保守的な
マーケティング
研究開発
不易流行
単一
サービス
②コアコン
ピタンスの追求
①創業者「志」
宇宙と直結
後継者
一子相伝
家系を
大切に
④理念ビジョン
価値観マッチ採用
不動産投資
ご法度
別事業
ご法度
⑤経営管理
削減 投資 ご法度
隠密
戦略
非上場
非公開
⑥財務力強化
人 金 ノウハウ

おわりに

最後までお読みいただき、ありがとうございます。

本書では、百年企業の経営についてお話してきました。私は、会社が接するマーケットとは一つの小さな宇宙だととらえています。最初はよくわからなかった曼荼羅のような経営戦略の図解がしっくり見えているのではないでしょうか？

塗装工事を提供する地域社会が一つの宇宙であり、塗装職人が活躍をする塗装業界も、また、その宇宙の一部なのです。

家庭という宇宙、会社という宇宙、業界という宇宙、地域という宇宙にいるわけですから、一つの宇宙のなかで経営が成り立っているわけではなく、会社も経営者も、お互いが他の宇宙からも影響を受け合っている多次元宇宙のなかで生きているということになります。

一つの仕事をやるということは、いくつもの宇宙に影響が及んでいると考えています。たとえば、業界の意向に反しながら仕事をするとか、手抜き仕事をする、塗装職人を荒っぽく扱って売上至上主義経営をするなどというやり方は、宇宙の原理原則に反するため永く続きはしません。

塗装店は塗装業界という宇宙だけに所属しているのではなく、建築業界という宇宙のなかにも存在するわけです。つまり、建築業界の進歩や発展に貢献する塗装業界でなければなりませんし、塗装業界にも貢献する塗装店でなければいずれは必要とされなくなるわけです。

魅力的なリーダーやキーマンが塗装業に生まれれば塗装業界のみならず、建築業界にもよい影響をもたらしますし、それがさらに地域社会に好影響を与えることに繋がるでしょう。

仮に私が塗装店の一経営者だったとしても、小さな仕事をやっているという考えではなく、自分の仕事がさまざまな影響をもたらし、さまざまな宇宙とつながっているという意識をもって働くことが大切であると考えているのです。

このような思いから、本書を執筆いたしました。本書を通して、関わる様々な宇宙の進歩発展と調和と幸せに好影響を与えられる企業、いわゆる百年企業をたくさん輩出できればいいなと思っています。

工事店や工務店はもちろんですが、この本に記載させていただいた原理原則を活用していけば、理髪店（いわゆる床屋さん）や、町内で愛されている定食屋さんでも百年企業を目指せると思っています。

私は二〇年間塗装業界というニッチな世界で経営コンサルティングを追求し、その中に宇宙の原理原則があることを見抜きました。

そのため、これからの人生では、この原理原則に則った経営「百年企業型経営」を塗装協会以外の方々へも共有し、より素晴らしい社会、より素晴らしい日本、より素晴らしい地球づくりに貢献していきたいと思っています。

今後は、各業界のリーダーとなりうる志の高い方の支援も今後はさせていただきたいと思っています。

書籍をお読みになり、我が社はどうすれば？とお考えの方は、下のＱＲコードからお気軽にＸ（旧ツイッター）にてＤＭください。喜んでご相談に乗らせて頂きます。その際は「本を読みました」と一言添えていただけると嬉しく思います。

最後になりますが、この機会に、今まで経営のサポートを通じて数えきれない学びをいただいたクライアントの皆様に感謝いたします。また、多くの事例として百年企業を掲載させていただきましたが、それらの企業も経営の大先輩として尊敬の念を込め、感謝申し上げます。

そして、日ごろから支えていただいている我が社の社員の皆さん、そして家族にも感謝いたします。

これからも『百年企業型経営』を貫いていきましょう。

青木忠史

著者　**青木 忠史**（あおきただし）
株式会社　日本建築塗装職人の会　会長

これまで累計 700 社以上、7,000 人を超える工事店経営者への経営指導を 16 年間にわたり実施。年間 400 本以上のコンサルティングの他、10 ～ 150 人規模のセミナーも 140 回以上開催。 現在は、「工事店経営を知り尽くした稀有なる日本の経営コンサルタントとして、業界内外より高い評価を得ている。また、経営指導の特長は、「集客」「発展会計」「組織づくり」「資産形成」「経営者の人生設計」の 5 つの観点から原理原則に基づいて行われる点と、経営の成功・失敗の原因を「経営者の心」に求める精神的な側面とを融合しているため、誰もがその人独自の経営成功を実現していくことができる。 積み重ねた実績により、2012 年には社会文化功労賞を受賞。マスコミ取材実績も 200 回以上。
著書：『奇跡の成長を呼ぶのび太くん採用』（サンライズパブリッシング）他多数

百年企業のつくり方

2024 年 5 月 3 日　初版第一刷発行

著　者　　青木 忠史
発行者　　津嶋 栄
発　行　　株式会社日本経営センター（フローラル出版）
〒 171-0022
東京都豊島区南池袋 1-9-18 GOGO オフィス池袋 250 号室
TEL：03-6328-3705
メールアドレス　：order@floralpublish.com
出版プロデュース：高橋洋介（日本経営センター）
印刷・製本　株式会社ティーケー出版印刷

Printed in Japan
ISBN 978-4-910017-46-4　C2034